서울대 한국어

Student's Book 3B

서울대학교 언어교육원

서울대 한국어 3B Student's Book

지은이 서울대학교 언어교육원
편집인 박형만, 송솔내, James Lee
펴낸곳 (주)투판즈
서울시 강남구 논현로 303
Tel (02)2140-2500
Fax (02)2140-2599
www.twoponds.co.kr
등록 1980년 10월 7일 제2004-000086호
디자인 디자인마루 / 새담디앤피
초판 1쇄 2015년 12월 30일
37쇄 2025년 10월 1일

ISBN 978-89-539-4953-9

Written by Language Education Institute, Seoul National University
Published by TWOPONDS Co., Ltd.
Designed by Designmaru / SAEDAM D&P

머리말 Preface

〈서울대 한국어 3B Student's Book〉은 한국어 성인 학습자를 위한 정규 과정용(약 200시간) 한국어 교재 시리즈 중 세 번째 책이다. 이 책은 400시간의 한국어 교육을 받았거나 그에 준하는 한국어 능력을 가진 성인 학습자들이 친숙한 사회적 주제와 기능에 대한 언어 구성 능력과 사용 능력을 익혀서, 기본적인 사회 생활이 가능한 한국어 의사소통 능력을 기르도록 하는 데 목적이 있다. 본 책은 다음과 같은 특징을 가지고 있다.

첫째, 말하기 의사소통 능력 신장에 중점을 두되 구어 학습과 문어 학습이 긴밀하게 연계되도록 구성하였다. 이를 위해 어휘와 문법의 연습, 대화문 연습, 담화 구성 연습으로 이어지는 단계적 말하기 학습을 도입하여 언어 지식의 학습이 언어 사용 능력 습득으로 자연스럽게 전이되도록 하였다. 또한 듣고 말하기, 읽고 쓰기 연습을 통해 구어와 문어의 통합적 학습이 이루어지게 하였다.

둘째, 실제적인 과제를 수행하는 과정에서 학습한 언어 지식을 충분히 활용하고 학습자 간 유의미한 상호작용이 활발하게 이루어지도록 구성하였다. 다양한 유형의 과제를 제시하고 필요한 경우 활동지를 별도로 제공하였다.

셋째, 어휘 및 문법, 발음 학습이 체계적으로 이루어지도록 구성하였다. 어휘는 각 과의 주제와 연계하여 의미장을 중심으로 제시함으로써 효율적인 어휘 학습이 가능하게 하였다. 또한 문법 항목의 의미와 용법에 대한 핵심적인 기술을 예문과 함께 제시함으로써 종래 한국어 교재에 부족했던 문법 기술 부분을 보강하고자 하였다. 이를 위해 문법 해설을 부록에 별도로 제공하여 목표 문법에 대한 학습자의 이해를 도울 수 있게 하였다. 발음은 해당 과와 관련된 음운 규칙, 억양 등을 연습하여 발음의 정확성 및 유창성을 익히도록 하였다.

넷째, 문화 영역 학습이 수업에서 원활하게 이루어질 수 있도록 구성하였다. 이를 위해 그림, 사진 등의 시각 자료를 활용하거나 학습자의 숙달도가 고려된 간략한 설명으로 한국 문화 정보를 제시하였다. 또한 문화 상호주의적 관점에서 학습자 간 문화에 대해서 공유하는 기회를 가지도록 하였으며, 한국 문화에 대한 심화된 이해를 돕기 위해 부록에 문화 해설을 별도로 제시하였다.

다섯째, 말하기 대화문, 듣기, 발음 등의 오디오 MP3 파일을 함께 제공하여 수업용으로뿐만 아니라 자율 학습용으로도 사용하도록 하였다.

여섯째, 영어 번역을 병기하여 영어권 학습자의 빠른 의미 이해가 가능하도록 하였다. 말하기 1 · 2 대화문, 문법 해설, 문화 해설 등에 번역문을 함께 제공하였으며 주제 어휘 및 새 단어 등에도 번역을 병기하였다.

일곱째, 사진, 삽화 등의 시각 자료를 풍부하게 제공하여 실제적이고 흥미 있는 학습이 가능하도록 하였다. 내용을 이해하는 데 도움이 되는 시각 자료를 통해 의미와 상황을 정확하게 전달하고 학습자의 흥미를 유발함으로써 학습 효과를 높이고자 하였다.

이 책이 완성되기까지 많은 분들의 노력과 수고가 있었다. 무엇보다도 오랜 기간에 걸쳐 집필 및 출판 과정에 참여한 교재개발위원회 선생님들의 헌신으로 책이 만들어질 수 있었다. 또한 직접 수업에서 사용하면서 꼼꼼하게 수정해 주신 서울대학교 한국어교육센터의 여러 선생님들과 정확한 발음으로 녹음을 해 주신 성우 임채헌, 윤미나 선생님의 노고에 감사를 드린다. 아울러 책이 출판되기까지 오랜 기간 동안 작업을 도와주신 투판즈의 사장님과 도현정 부장님, 박형만 편집팀장님, 송솔내 대리님을 비롯한 편집진 여러분께도 고마운 마음을 전한다.

2015. 12.

서울대학교 언어교육원

원장 전 영 철

Preface 머리말

<Seoul National University Korean Language 3B Student's Book> is the third volume in the multi-level series developed to be used in a regular program (about 200 hours of class work) for adult learners of the Korean language. The primary goal of this book is to help learners of the Korean language who have already had 400 hours training, so that they may build core communicative competence by developing their ability to be familiar with the language used in every day topics and apply them in real social situations. The key features of this book follow.

This textbook is carefully coordinated to link spoken language and written language while focusing on the development of communicative language skills. It utilizes a step-by-step approach consisting of vocabulary and grammar practice, controlled conversation practice, and open-ended interaction. Through this approach, knowledge about language transfers to real language use. In addition, 'Listening and Speaking' and 'Reading and Writing' sections integrate spoken language and written language learning.

A task-based approach maximizes the use of linguistic knowledge and encourages meaningful interaction between learners. Various types of tasks are introduced and activity sheets are provided as needed.

A systematic approach to learning vocabulary, grammar and pronunciation is adopted. Carefully selected vocabulary relating to the topic of each unit is meaningfully presented to learners increasing efficacy. In-depth descriptions with example sentences explain the meaning and usage of grammatical items and reinforce grammar concepts. The Grammar Extension presented at the back of the book as appendix aids learners' comprehension of target grammar. The Pronunciation section also promotes accuracy and fluency with lessons for phonological rules, and intonation.

This textbook is designed to actively integrate culture with classroom instruction. Cultural information is delivered by visual aids such as pictures and photographs, and level tailored concise explanations. This book also provides learners with opportunities for meaningful language production by sharing their own experiences interculturally. The appendix further extends the understanding of Korean culture.

The text includes MP3 files that can be used in the classroom as well as independently, as an effective tool for previewing and reviewing. It contains speaking dialogues, Listening, pronunciation audio files.

Korean and English translations help English-speaking learners understand quickly. English translation is offered for Speaking 1, 2 dialogues, Grammar Extension, Culture Extension, subject specific and new vocabulary.

Abundant visual aids such as photographs and illustrations make learning more realistic and enjoyable. Visual aids clearly enhance learning efficacy and increase learners' interest by delivering information on situations and meanings.

We wish to express our sincere gratitude to all who contributed to this project. We would particularly like to thank all instructors from the textbook development committee. Without their dedication and effort, this textbook would not have been possible. Also, we would like to thank numerous instructors of the [Korean] Language Education Institute at Seoul National University for their help in piloting materials and making suggestions. In addition, we would like to thank Lim Chaeheon and Yoon Mina for their audio recordings. Finally, we would like to extend our gratitude to the CEO of TWOPONDS, Director Do Hyunjeong, Editorial Manager Park Hyungman, Ms. Song Solnae and all other editorial staff members for their generous support in having this volume published.

December 2015

Jun Youngchul
Executive Director
Language Education Institute, Seoul National University

일러두기 How to use this book

서울대 한국어 3B Student's Book은 10~18과로 구성되어 있다. 각 과는 '어휘', '문법과 표현 1 · 2', '말하기 1 · 2', '듣고 말하기', '읽고 쓰기', '과제', '문화 산책', '발음', '자기 평가'로 이루어져 있으며 한 과는 8시간용으로 구성되어 있다. 세부 내용은 다음과 같다.

The Seoul National University Korean 3B Student's Book is comprised of 9 units. Each unit spans 8 hours of instruction divided into sections entitled and emphasizing: Vocabulary, Grammar and Expression 1 and 2, Speaking 1 and 2, Listening and Speaking, Reading and Writing, Task, Culture Note, Pronunciation, and Self-Check. A detailed explanation follows.

과의 주제와 관련된 사진과 듣기 문제를 제시하여 학습자가 앞으로 배울 내용에 대해 준비할 수 있도록 한다.

It presents pictures with questions that are related to the topic of the unit to motivate learners to get ready for studying.

학습 목표 Learning Goals

영역별 학습 목표와 내용을 제시한다.
Learning Goals present the content and objectives of each unit by section.

일러두기 How to use this book

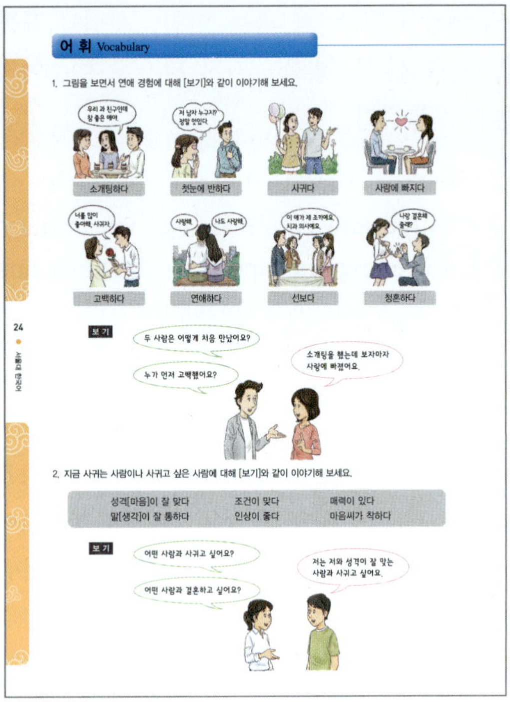

어 휘 Vocabulary

1. 그림을 보면서 연애 경험에 대해 [보기]와 같이 이야기해 보세요.

소개팅하다 | 첫눈에 반하다 | 사귀다 | 사랑에 빠지다

고백하다 | 연애하다 | 선보다 | 청혼하다

24

보 기

2. 지금 사귀는 사람이나 사귀고 싶은 사람에 대해 [보기]와 같이 이야기해 보세요.

성격[마음]이 잘 맞다 | 조건이 맞다 | 매력이 있다
말[생각]이 잘 통하다 | 인상이 좋다 | 마음씨가 착하다

보 기

• 어휘 Vocabulary

주제 어휘를 범주별로 모아 의미를 유추할 수 있는 그림과 함께 제시한다.

The Vocabulary section introduces key lexical items by category accompanied by analogical pictures.

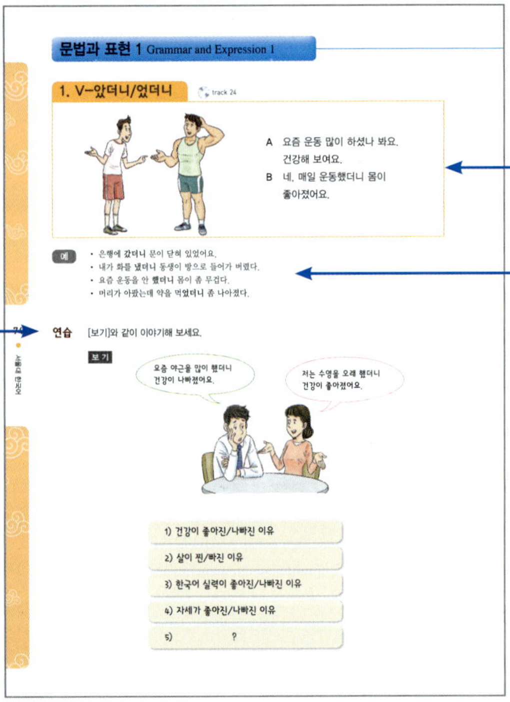

문법과 표현 1 Grammar and Expression 1

1. V-았더니/었더니 track 24

A 요즘 운동 많이 하셨나 봐요. 건강해 보여요.
B 네, 매일 운동했더니 몸이 좋아졌어요.

예
- 은행에 갔더니 문이 닫혀 있었어요.
- 내가 화를 냈더니 동생이 방으로 들어가 버렸다.
- 요즘 운동을 안 했더니 몸이 좀 무겁다.
- 머리가 아팠는데 약을 먹었더니 좀 나아졌다.

연습 [보기]와 같이 이야기해 보세요.

보 기

1) 건강이 좋아진/나빠진 이유
2) 살이 찐/빠진 이유
3) 한국어 실력이 좋아진/나빠진 이유
4) 자세가 좋아진/나빠진 이유
5) ?

• 문법과 표현 Grammar and Expression

예시 대화, 예문, 유의미한 연습으로 구성된다.

The Grammar and Expression section offers key dialogues, example sentences, and meaningful exercises.

예시 대화

목표 문법이 사용되는 전형적인 대화를 삽화와 함께 제시한다.

Target grammar is presented with model dialogues accompanied by illustrations.

예문

목표 문법의 의미를 이해하고 형태 변화를 알 수 있도록 예문을 제시한다.

Example sentences model the meanings and form changes of target grammar items.

연습

워크북의 통제 연습 이후 유의미한 연습을 통해 문법 사용 능력으로 연계되도록 한다.

Exercise offers relevant exercises connected to controlled practice provided in the workbook, and develops students' ability to correctly use the target grammar.

• 말하기 Speaking

대화문, 교체 연습, 담화 연습으로 구성된다.

The Speaking section presents example dialogues, substitution dialogues, and discourse extension practice.

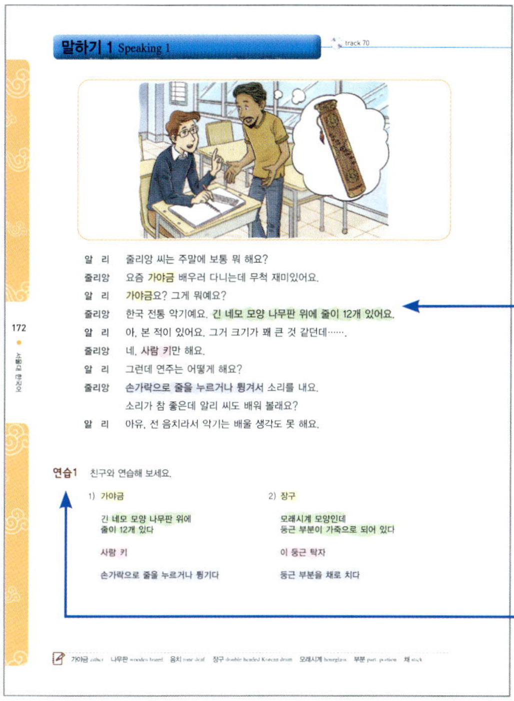
말하기 1 Speaking 1 track 70

알 리 줄리앙 씨는 주말에 보통 뭐 해요?
줄리앙 요즘 가야금 배우러 다니는데 무척 재미있어요.
알 리 가야금요? 그게 뭐예요?
줄리앙 한국 전통 악기예요. 긴 네모 모양 나무판 위에 줄이 12개 있어요.
알 리 아, 본 적이 있어요. 그거 크기가 꽤 큰 것 같던데…….
줄리앙 네, 사람 키만 해요.
알 리 그런데 연주는 어떻게 해요?
줄리앙 손가락으로 줄을 누르거나 튕겨서 소리를 내요.
소리가 참 좋은데 알리 씨도 배워 볼래요?
알 리 아유, 전 음치라서 악기는 배울 생각도 못 해요.

연습1 친구와 연습해 보세요.

1) 가야금
긴 네모 모양 나무판 위에 줄이 12개 있다
사람 키
손가락으로 줄을 누르거나 튕기다

2) 장구
모래시계 모양인데 둥근 부분이 가죽으로 되어 있다
이 둥근 탁자
둥근 부분을 채로 치다

172

대화문

주제 어휘와 목표 문법을 포함한 대화문으로 의사소통 기능을 학습하도록 한다.

Dialogues include key vocabulary items and target grammar to build communicative skill.

연습1

어휘와 표현을 교체하면서 대화문을 익히는 연습을 하도록 한다.

Exercise 1 presents opportunity to practice new dialogues through the substitution of vocabulary and expressions.

연습2 여러분 나라의 전통 악기나 여러분이 좋아하는 악기의 모양과 연주 방법에 대해 이야기해 보세요.

173

연습2

대화문을 바탕으로 하여 구어 담화를 구성하는 연습을 하도록 한다.

Exercise 2 presents opportunity to create a new original dialogues based on the model dialogues.

일러두기 How to use this book

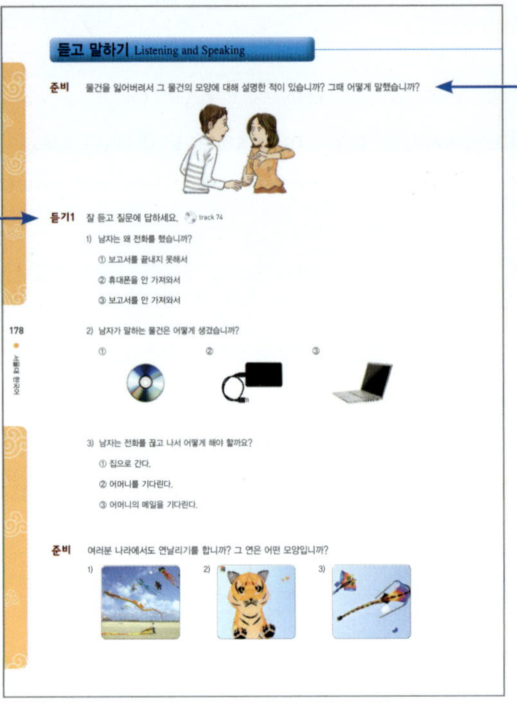

들고 말하기 Listening and Speaking

준비 물건을 잃어버려서 그 물건의 모양에 대해 설명한 적이 있습니까? 그때 어떻게 말했습니까?

듣기1 잘 듣고 질문에 답하세요. track 74

1) 남자는 왜 전화를 했습니까?
① 보고서를 끝내지 못해서
② 휴대폰을 안 가져와서
③ 보고서를 안 가져와서

2) 남자가 말하는 물건은 어떻게 생겼습니까?
① ② ③

3) 남자는 전화를 끊고 나서 어떻게 해야 할까요?
① 집으로 간다.
② 어머니를 기다린다.
③ 어머니의 메일을 기다린다.

준비 여러분 나라에서도 연날리기를 합니까? 그 연은 어떤 모양입니까?
1) 2) 3)

178 서울대 한국어

• 듣고 말하기 Listening and Speaking

'준비', '듣기 1 · 2', '말하기'로 구성된다.

The Listening and Speaking section offers Preparation, Listening 1, 2, and Speaking activities.

준비

듣기 전 단계로, 내용을 예측할 수 있는 질문, 어휘나 표현 등을 점검할 수 있는 삽화나 사진을 제시한다.

The Preparation section offers a pre-listening that previews the content of the listening passage providing schema activation, and utilizes illustrations or photographs to supplement vocabulary and expressions.

듣기

듣기 단계로, 들은 내용에 대한 확인 문제를 제시한다.

The Listening section presents a task with a comprehension check.

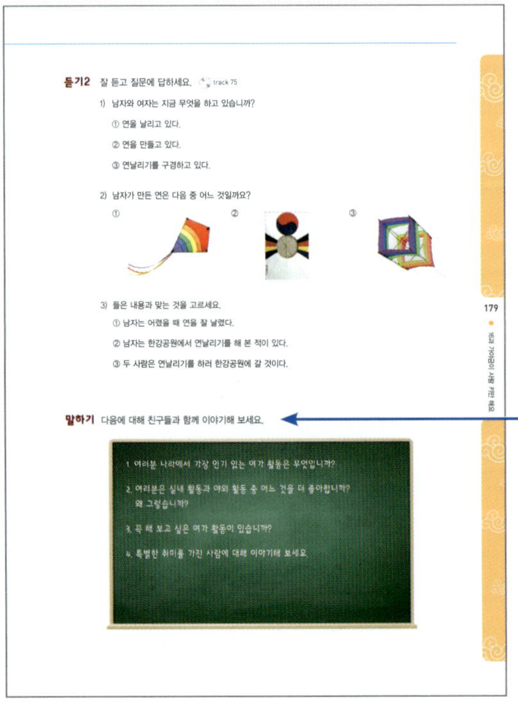

듣기2 잘 듣고 질문에 답하세요. track 75

1) 남자와 여자는 지금 무엇을 하고 있습니까?
① 연을 날리고 있다.
② 연을 만들고 있다.
③ 연날리기를 구경하고 있다.

2) 남자가 만든 연은 다음 중 어느 것일까요?
① ② ③

3) 들은 내용과 맞는 것을 고르세요.
① 남자는 어렸을 때 연을 잘 날렸다.
② 남자는 한강공원에서 연날리기를 해 본 적이 있다.
③ 두 사람은 연날리기를 하러 한강공원에 갈 것이다.

말하기 다음에 대해 친구들과 함께 이야기해 보세요.

1. 여러분 나라에서 가장 인기 있는 여가 활동은 무엇입니까?
2. 여러분은 실내 활동과 야외 활동 중 어느 것을 더 좋아합니까? 왜 그렇습니까?
3. 꼭 해 보고 싶은 여가 활동이 있습니까?
4. 특별한 취미를 가진 사람에 대해 이야기해 보세요.

179 16과 가야금이 사람 키만 해요

말하기

들은 후 단계로, 듣기의 주제 및 기능과 연계된 담화를 구성하도록 한다.

The Speaking section offers a follow-up task through which to construct conversations related to the theme and function of the listening task.

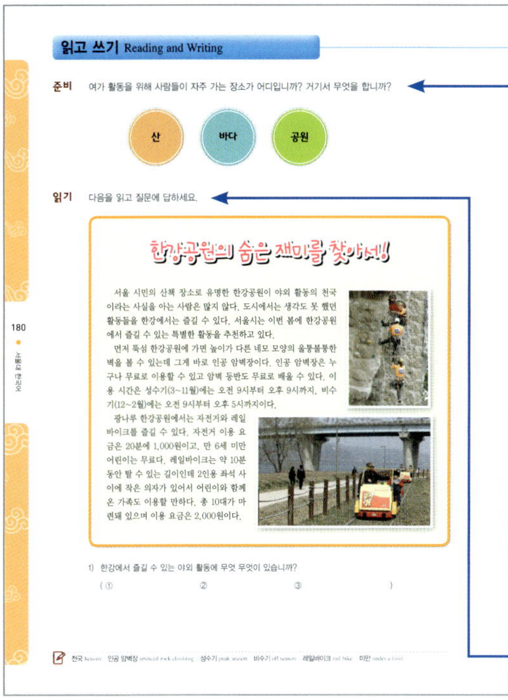

읽고 쓰기 Reading and Writing

준비 여가 활동을 위해 사람들이 자주 가는 장소가 어디입니까? 거기서 무엇을 합니까?

산 바다 공원

읽기 다음을 읽고 질문에 답하세요.

한강공원의 숨은 재미를 찾아서!

서울 시민의 산책 장소로 유명한 한강공원이 야외 활동의 천국이라는 사실을 아는 사람은 많지 않다. 도시에서는 생각도 못 했던 활동들을 한강에서는 즐길 수 있다. 서울시는 이번 봄에 한강공원에서 즐길 수 있는 특별한 활동을 추천하고 있다.

먼저 뚝섬 한강공원에 가면 높이가 다른 네모 모양의 울퉁불퉁한 벽을 볼 수 있는데 그게 바로 인공 암벽장이다. 인공 암벽장은 누구나 무료로 이용할 수 있고 암벽 등반도 무료로 배울 수 있다. 이용 시간은 성수기(3~11월)에는 오전 9시부터 오후 9시까지, 비수기(12~2월)에는 오전 9시부터 오후 5시까지이다.

광나루 한강공원에서는 자전거와 레일바이크를 즐길 수 있다. 자전거 이용 요금은 20분에 1,000원이고, 만 6세 미만 어린이는 무료다. 레일바이크는 약 10분 동안 탈 수 있는 길이인데 2인용 좌석 사이에 작은 의자가 있어서 어린이와 함께 온 가족도 이용할 만하다. 총 10대가 마련돼 있으며 이용 요금은 2,000원이다.

1) 한강에서 즐길 수 있는 야외 활동에 무엇 무엇이 있습니까?

(① ② ③)

천국 heaven 인공 암벽장 artificial rock climbing 성수기 peak season 비수기 off season 레일바이크 rail bike 미만 under a limit

180 서울대 한국어

- 읽고 쓰기 Reading and Writing

'준비', '읽기', '쓰기'로 구성된다.

The Reading and Writing section provides Preparation, Reading, and Writing task.

준비

읽기 전 단계로, 읽을 내용을 예측할 수 있는 질문, 어휘나 표현 등을 점검할 수 있는 삽화나 사진 등을 제시한다.

The Preparation section offers a pre-reading that previews the content of the reading passage providing schema activation, and utilizes illustrations or photographs to supplement vocabulary and expressions.

읽기

읽기 단계로, 학습자의 수준에 맞는 실제적이고 다양한 종류의 글을 읽은 내용에 대한 확인 문제와 함께 제시한다.

The Reading section presents practical and learner-level matched texts with a comprehension check.

쓰기 1) 친절한 사람이 성공할 수 있는 이유를 정리해 보세요.

친절
- 도움이 필요한 사람을 도와주면

→

2) 독서하는 사람이 성공할 수 있는 이유는 무엇일까요?

독서
- 경제 경영 서적을 읽으면

→ 업무에 필요한 지식을 얻을 수 있다.

- 소설을 읽으면

→

3) 직장 생활에서 성공하기 위해 또 무엇이 필요할까요? 위와 같이 정리해 보세요.

( )

지식 knowledge

61

쓰기

쓰기와 통합한 읽은 후 단계로, 읽기 텍스트와 유사한 종류의 글쓰기 활동이 이루어지도록 한다.

The Writing section, as a follow-up task, uses the reading text as a model for writing to produce a similar text.

일러두기 How to use this book

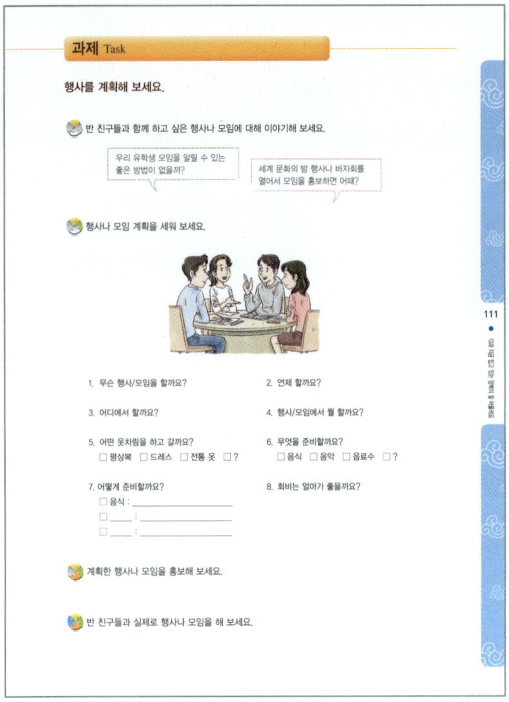

• 과제 Task

3~4 단계에 걸친 단계적 활동으로 구성된다. 과제 수행 중의 상호작용을 통해 어휘와 문법을 활성화하고 언어 사용의 유창성을 높이도록 한다.

The Task section is composed of 3 or 4 step-by-step activities, providing opportunity to communicate using vocabulary and grammar learned in the unit, and helps build fluency.

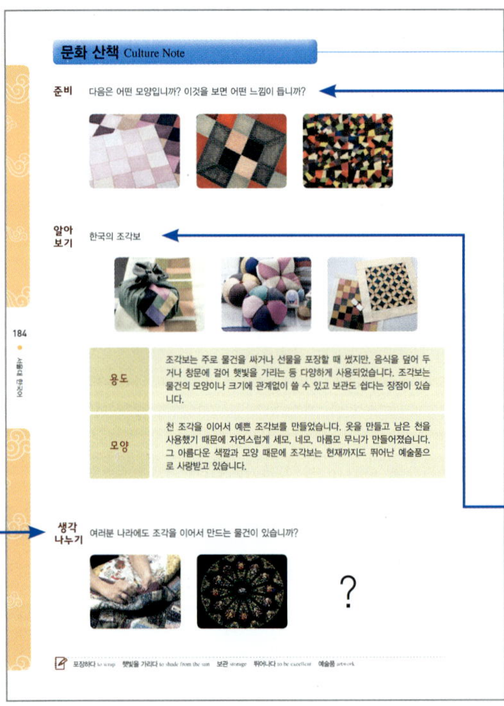

• 문화 산책 Culture Note

'준비', '알아보기', '생각 나누기'로 구성된다.

The Culture Note section offers Preparation, Presentation, and Idea Sharing.

준비

문화 항목의 내용과 관련된 질문이나 삽화, 사진 등을 제시한다.

The Preparation section presents questions, illustration or photographs related to cultural content.

알아보기

과의 주제와 관련 있는 한국 문화 내용을 그림, 간단한 설명 등으로 제시한다.

The Presentation section presents Korean cultural content related to the topic of the unit, illustrated, and with a short note.

생각 나누기

한국 문화와 학습자 모국의 문화를 문화 상호주의적 관점에서 비교해 보도록 한다.

The Idea Sharing section provides opportunity to make intercultural comparisons of Korean culture.

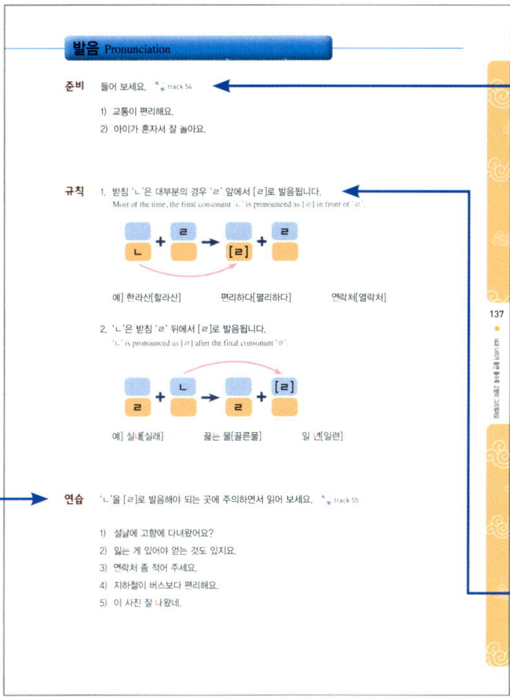

발음 Pronunciation

준비 들어 보세요. track 54

1) 교통이 편리해요.
2) 아이가 혼자서 잘 놀아요.

규칙 1. 받침 'ㄴ'은 대부분의 경우 'ㄹ' 앞에서 [ㄹ]로 발음됩니다.

예) 한라산[할라산] 편리하다[펼리하다] 연락처[열락처]

2. 'ㄴ'은 받침 'ㄹ' 뒤에서 [ㄹ]로 발음됩니다.

예) 실내[실래] 끓는 물[끌른물] 일 년[일련]

연습 'ㄴ'을 [ㄹ]로 발음해야 되는 곳에 주의하면서 읽어 보세요. track 55

1) 설날에 고향에 다녀왔어요?
2) 잃는 게 있어야 얻는 것도 있지요.
3) 연락처 좀 적어 주세요.
4) 지하철이 버스보다 편리해요.
5) 이 사진 잘 나왔네.

137

• 발음 Pronunciation

'준비', '규칙', '연습'으로 구성된다. 과의 어휘나 문법과 관련 있는 음운 현상을 연습하도록 한다.

The Pronunciation section offers a Warm-up, Rule Presentation, and Practice of the phonological rules related to specific vocabulary and grammar forms taught in each unit.

준비

목표 발음이 포함된 어구나 문장을 들어 보고 학습할 내용을 인지하도록 한다.

The Preparation section presents opportunity to listen to phrases or sentences that include target pronunciation.

규칙

발음 규칙을 도식화하여 제공한다.

The Rules section presents pronunciation rules clearly and diagrammatically.

연습

규칙을 내재화하기 위해 듣고 따라하는 연습을 하도록 한다.

The Practice section offers opportunity to listen and repeat sentences to internalize pronunciation rules.

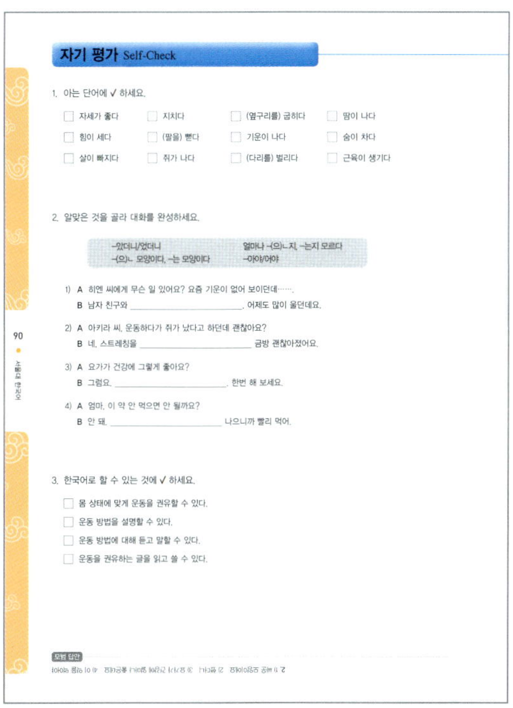

자기 평가 Self-Check

1. 아는 단어에 ✓ 하세요.

□ 자세가 좋다 □ 지치다 □ (옆구리를) 굽히다 □ 땀이 나다
□ 힘이 세다 □ (팔을) 뻗다 □ 기운이 나다 □ 숨이 차다
□ 살이 빠지다 □ 쥐가 나다 □ (다리를) 벌리다 □ 근육이 생기다

2. 알맞은 것을 골라 대화를 완성하세요.

1) A 히엔 씨에게 무슨 일 있어요? 요즘 기운이 없어 보이던데……
B 남자 친구와 ________ 어제도 많이 울던데요.
2) A 아키라 씨, 운동하다가 쥐가 났다고 하던데 괜찮아요?
B 네, 스트레칭을 ________ 금방 괜찮아졌어요.
3) A 요가가 건강에 그렇게 좋아요?
B 그럼요. ________ 한번 해 보세요.
4) A 엄마, 이 약 안 먹으면 안 될까요?
B 안 돼. ________ 나으니까 빨리 먹어.

3. 한국어로 할 수 있는 것에 ✓ 하세요.

□ 몸 상태에 맞게 운동을 권유할 수 있다.
□ 운동 방법을 설명할 수 있다.
□ 운동 방법에 대해 듣고 말할 수 있다.
□ 운동을 권유하는 글을 읽고 쓸 수 있다.

90

• 자기 평가 Self-Check

어휘와 문법을 중심으로 학습자 스스로 학습 정도를 점검하도록 한다.

The Self-Check section ends each unit with a review of grammar and vocabulary.

일러두기 How to use this book

• 부록 Appendix

'활동지', '문법 해설', '문화 해설', '듣기 지문', '모범 답안', '어휘 색인'으로 구성된다.

The Appendix includes Activity Sheets, Grammar Extension, Culture Extension, Listening Scripts, Answer Key, and Glossary.

활동지 Activity Sheets

10과 과제 p.39

[상황 카드]

1	놀이공원	카페	도서관	마트	길
	소개팅	동아리	버스	도서관	?
2	아르바이트 하다	춤을 추다	데이트하다	책을 읽다	운동하다
	커피를 마시다	넘어지다	교통사고가 나다	?	?
3	마음씨가 착하다	생각이 잘 통하다	인상이 좋다	매력이 있다	운동하다
4	부모님의 반대	성격 차이	유학	동아리 선배/후배	?
5	회사	친구 결혼식장	지하철 안	선을 보다	?
6	작년 여름, 제주도에 여행 가서	새해, 해가 뜨는 것을 보면서	내 생일, 사람들이 많은 거리에서	크리스마스, 명동에서 만나서	?

234

활동지

연습이나 과제 활동 등에 필요한 활동지를 제공한다.

Activity Sheets for exercises or tasks are provided.

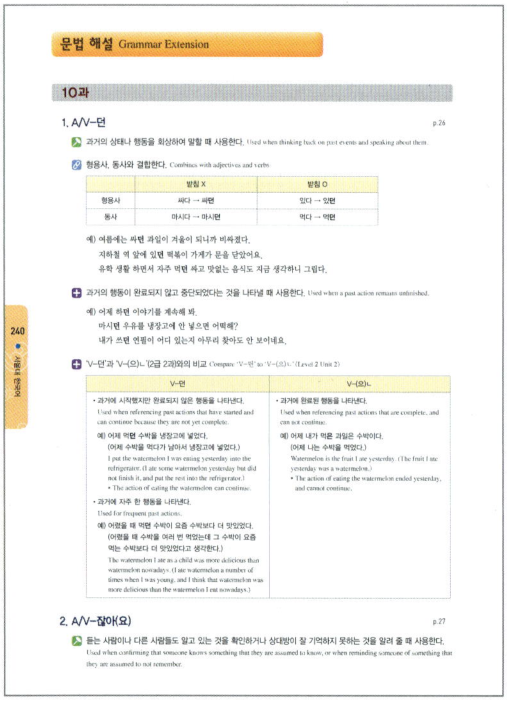
문법 해설 Grammar Extension

10과

1. A/V-던 p.26

과거의 상태나 행동을 회상하여 말할 때 사용한다. Used when thinking back on past events and speaking about them.

형용사, 동사와 결합한다. Combines with adjectives and verbs

	받침 X	받침 O
형용사	싸다 → 싸던	있다 → 있던
동사	마시다 → 마시던	먹다 → 먹던

예) 여름에는 **싸던** 과일이 겨울이 되니까 비싸졌다.
지하철 역 앞에 **있던** 떡볶이 가게가 문을 닫았어요.
유학 생활 하면서 자주 **먹던** 싸고 맛없는 음식도 지금 생각하니 그립다.

과거의 행동이 완료되지 않고 중단되었다는 것을 나타낼 때 사용한다. Used when a past action remains unfinished.

예) 어제 **하던** 이야기를 계속해 봐.
마시**던** 우유를 냉장고에 안 넣으면 어떡해?
내가 쓰**던** 연필이 어디 있는지 아무리 찾아도 안 보이네요.

'V-던'과 'V-(으)ㄴ'(2급 2과)와의 비교 Compare 'V-던' to 'V-(으)ㄴ' (Level 2 Unit 2)

V-던	V-(으)ㄴ
• 과거에 시작했지만 완료되지 않은 행동을 나타낸다. Used when referencing past actions that have started and can continue because they are not yet complete. 예) 어제 먹**던** 수박을 냉장고에 넣었다. (어제 수박을 먹다가 남아서 냉장고에 넣었다.) I put the watermelon I was eating yesterday into the refrigerator. (I ate some watermelon yesterday but did not finish it, and put the rest into the refrigerator.) • The action of eating the watermelon can continue. • 과거에 자주 한 행동을 나타낸다. Used for frequent past actions. 예) 어렸을 때 먹**던** 수박이 요즘 수박보다 더 맛있었다. (어렸을 때 수박을 여러 번 먹었는데 그 수박이 요즘 먹는 수박보다 더 맛있었다고 생각한다.) The watermelon I ate as a child was more delicious than watermelon nowadays. (I ate watermelon a number of times when I was young, and I think that watermelon was more delicious than the watermelon I eat nowadays.)	• 과거에 완료된 행동을 나타낸다. Used when referencing past actions that are complete, and can not continue. 예) 어제 내가 먹**은** 과일은 수박이다. (어제 나는 수박을 먹었다.) Watermelon is the fruit I ate yesterday. (The fruit I ate yesterday was a watermelon.) • The action of eating the watermelon ended yesterday, and cannot continue.

2. A/V-잖아(요) p.27

듣는 사람이나 다른 사람들도 알고 있는 것을 확인하거나 상대방이 잘 기억하지 못하는 것을 알려 줄 때 사용한다. Used when confirming that someone knows something that they are assumed to know, or when reminding someone of something that they are assumed to not remember.

240

문법 해설

'문법과 표현'에서 학습한 문법에 대한 해설을 제공한다. 의미 정보, 결합 정보, 형태 교체를 보여 주는 예문 및 사용상 유의점을 정리하여 학습자의 문법에 대한 이해를 돕고 오류 생성을 줄일 수 있도록 한다.

The Grammar Extension section provides in-depth descriptions of grammar learned from the 'Grammar and Expression' section in each unit, promoting grammar comprehension and reducing errors by providing information on meanings and conjugations with example sentences and grammar notes.

문화 해설 Culture Extension

10과 한국의 시 '고백' Korean Poem: Confession p.40

Q 김남조 시인에 대해서 더 알고 싶어요.
I want to know more about the poet Kim Nam-Jo.

A 김남조 시인(1927년 생)은 한국을 대표하는 '사랑의 시인'으로 불리며 생명, 사랑과 행복에 대한 시를 많이 썼습니다. 그의 시는 과장되지 않고 따뜻하게 사랑을 이야기하고 있으며 한국의 대표 여류 시인으로서 현재까지 활발한 활동을 하고 있습니다. 김남조 시인의 유명한 시로는 〈설일〉, 〈가고 오지 않는 사람〉, 〈겨울 바다〉, 〈그대 있음에〉 등이 있습니다.
The poet Kim Nam-Jo (b. 1927) is called the 'love poet' representing Korea. She wrote many poems about life, love, and happiness. Her poems do not exaggerate but tell warm stories of love. As a poet representing Korea, she is still very active today. Kim Nan-Jo's famous poems include 'snowy day', 'who left and did not return', 'winter sea', and 'as you are in my mind'.

Q '고백'은 어떤 시입니까?
What sort of poem is 'Confession'?

A '고백'은 사랑하는 연인이 주고받는 대화 형식의 시입니다. 숫자를 세며 고백을 재촉하는 사람과 고백을 해야 하는 상황에서 부끄러워하는 사람, 이 두 연인의 순수한 모습에서 사랑스럽고 귀여운 느낌을 받을 수 있습니다.
'Confession' is a lover's poem in a dialogical form. One person is counting and pressing the other for a confession of love, and the other is needing to confess but is shy. We feel their romantic innocence, endearing and cute love.

11과 한국의 직장 문화 Korean Workplace Culture p.64

Q 한국의 직장 생활은 어떤 특징이 있습니까?
What are the characteristics of Korean workplace life?

A 한국의 직장에서는 개인보다 전체의 화합을 중요하게 생각합니다. 그래서 자기가 맡은 일 외에도 직장 동료의 일을 함께 도와서 하는 일을 미덕으로 여기는 편입니다. 그리고 근무 시간이 끝나도 일이 남아 있으면 늦게까지 야근을 하는 일이 많습니다. 또한 일이 끝난 후에도 가끔 회식을 하면서 직장 생활을 원만하게 하려고 노력합니다. 이런 모임은 직장의 분위기에 도움이 되는 점도 있지만 개인의 생활이 존중되지 못하는 측면도 있습니다. 요즘은 과거에는 당연시되던 전체를 중시하는 분위기가 조금씩 달라지고 있고 개인의 생활도 존중되어야 한다는 의견도 있습니다. 그러나 아직도 개인보다는 전체를 중시하는 태도에 큰 변화는 없는 편입니다. 그래서 외국인들이 한국에서 직장 생활을 하게 되면 이런 문화에 적응하는 것에 어려움을 느끼게 됩니다.
In the Korean workplace, cooperation of the collective is more highly regarded than the individual. So it's the type of environment where doing work with colleagues in addition to one's own work is considered a virtue. Also, there will often be work leftover day's work, and working late in the evening is common. Also, after work is finished, colleagues meet for dinner get-togethers in an effort to promote workplace harmony. While these gatherings do help the workplace atmosphere, they also do not respect personal lives of employees. Nowadays, the collective atmosphere that was justifiable in the past is changing a little and people are voicing the opinion that personal lives should be respected. However, not much has not changed when it comes to valuing the collective. So foreigners employed in Korean work places tend to feel difficulty in adapting to Korean work culture.

261

문화 해설

'문화 산책'에서 제시한 문화 내용에 대한 학습자의 이해를 돕기 위해 질의응답 형식의 해설을 제공한다.

The Q & A section adds in-depth cultural information to that presented in the 'Culture Note'.

듣기 지문 Listening Scripts

10과 듣기

잘 듣고 이야기해 보세요. track 02 p.22

여 어제 내가 소개해 준 친구 어땠어?
남 마음씨도 착하고 좋은 사람이던데.
여 그래? 그럼 다시 만날 생각 있어?
남 글쎄, 아직 잘 모르겠어.
여 정말 괜찮은 친구니까 몇 번 더 만나 봐. 그 친구는 네가 마음에 든대.
남 정말 고마운데 그 사람하고는 그냥 친구로 지내는 게 좋을 것 같아.
여 그러지 말고 다시 한 번 생각해 봐. 적어도 세 번은 만나 봐야지.
남 그래, 알았어.

듣기 1 track 09 p.34

여 안녕하세요? 박민호 씨, '올해의 선수상'을 받으신 것을 축하드립니다.
남 감사합니다. 야구를 사랑하시고 항상 응원해 주시는 팬 여러분의 덕분입니다.
여 그런데 박민호 씨, 좋은 소식이 들리던데요. 곧 결혼하신다고요?
남 네, 내년 1월에 결혼식을 할 예정입니다.
여 박민호 선수는 여성 팬들에게 인기가 많으신데 신부는 어떤 분일까요? 요즘 운동선수들이 배우나 가수하고 많이 결혼하시잖아요. 혹시 저희들도 아는 분인가요?
남 아닙니다. 저와 결혼할 사람은 그냥 보통 여자예요. 조용하고 마음씨가 착한 사람입니다.
여 그렇군요. 언제 그렇게 비밀 연애를 하셨어요?
남 하하, 제가 운동하느라 바빠서 연애는 못했고요. 저희는 선봐서 만났어요.
제가 허리를 다쳤을 때 치료를 해 주시던 의사 선생님의 조카입니다. 알고 보니 초등학교 후배여서 빨리 친해질 수 있었습니다.
여 아, 네. 그런데 그분의 어디가 마음에 드셔서 결혼을 결심하셨나요?
남 그 사람의 오빠도 운동선수라서 운동하는 사람의 생활을 잘 이해해 주는 점이 좋았어요. 전 외모나 조건보다 성격이 더 중요하다고 생각하는데 저와 성격이 잘 맞는 사람입니다.
여 인터뷰를 하면서 계속 웃고 계시네요. 정말 좋으신가 봐요. 다시 한 번 상 받으신 것, 결혼하시는 것 축하드리고 늘 행복하시기 바랍니다.

듣기 2 track 10 p.35

다음은 여러분의 사랑 이야기를 읽어 드리는 시간입니다.
오늘은 서초동에 사시는 이준서 님의 사연을 읽어 드리겠습니다.
저는 요리를 배우기 위해서 일본으로 유학을 갔는데 요리학교에서 그녀를 만났습니다. 저보다 3살이 많은 그녀는 일본어를 잘 못하던 저를 항상 누나처럼 친절하게 도와주었습니다. 저는 그녀가 좋았지만 졸업하자마자 한국으로 돌아올 생각이었기 때문에 고백하지 않았습니다.
그런데 귀국하기 전날 밤, 저는 교통사고를 당했습니다. 눈을 떠 보니 병원이었고 침대 옆에 그녀가 울면서 서 있었습니다. 그리고 세 달 동안이나 저를 잘 간호해 주었습니다.
병원에서 퇴원하던 날 저는 그녀에게 청혼했습니다. 그런데 양쪽 부모님이 우리의 결혼을 반대하셨습니다. 그녀의 부모님은 딸이 한국으로 시집가는 것을 반대하셨고 제 부모님은 연상의 외국 여자가 며느리로 들어오는 것을 싫어하셨습니다. 하지만 변하지 않는 우리의 사랑을 보시고 마침내 결혼을 허락해 주셨습니다. 저희는 세상에서 제일 맛있는 빵집을 만들 계획입니다. 그 꿈을 이루려면 아직 멀었지만 아무리 힘들어도 포기하지 않을 겁니다. 저희를 응원해 주세요.
네, 두 분의 결혼을 축하합니다. 노래 한 곡 들려 드립니다. '우리 서로 사랑하잖아.'

11과 듣기

잘 듣고 이야기해 보세요. track 13 p.46

남 어제 면접 어땠어?
여 괜찮았어. 좀 긴장하긴 했지만 잘 본 것 같아.
남 면접관이 무슨 질문을 했어?
여 회사에 지원한 이유, 경력, 외국어 능력 등을 물어봤어.
남 넌 경력도 있고 외국어도 잘하잖아.
여 응. 그래서 자신 있게 대답할 수 있었어.
남 그 정도면 틀림없이 붙겠다.
여 나도 그렇게 되면 좋겠어.

듣기 1 track 19 p.58

남 안녕하세요?
여 어서 와요. 오늘은 첫날이니까 제가 하는 걸 보고 잘 따라하세요. 전에도 옷가게에서 일한 적이 있으니까

266

듣기 지문

'듣고 말하기'의 듣기 지문을 제공한다.

Transcriptions for listening passages in 'Listening and Speaking' are provided.

일러두기 How to use this book

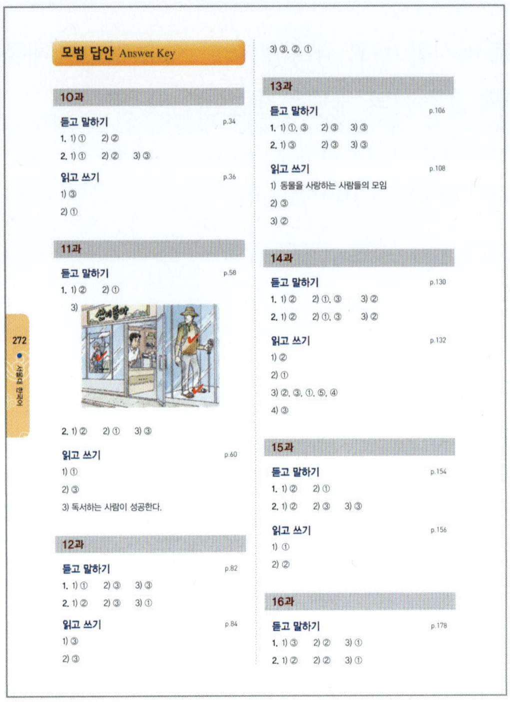

모범 답안 Answer Key

10과

듣고 말하기 p.34
1. 1) ① 2) ②
2. 1) ① 2) ② 3) ③

읽고 쓰기 p.36
1) ③
2) ①

11과

듣고 말하기 p.58
1. 1) ② 2) ①
3)
2. 1) ② 2) ① 3) ③

읽고 쓰기 p.60
1) ①
2) ③
3) 독서하는 사람이 성공한다.

12과

듣고 말하기 p.82
1. 1) ① 2) ③ 3) ③
2. 1) ② 2) ③ 3) ①

읽고 쓰기 p.84
1) ③
2) ③

3) ③, ②, ①

13과

듣고 말하기 p.106
1. 1) ①, ③ 2) ③ 3) ③
2. 1) ③ 2) ③ 3) ③

읽고 쓰기 p.108
1) 동물을 사랑하는 사람들의 모임
2) ③
3) ②

14과

듣고 말하기 p.130
1. 1) ② 2) ①, ③ 3) ②
2. 1) ② 2) ①, ③ 3) ②

읽고 쓰기 p.132
1) ②
2) ①
3) ②, ③, ①, ⑤, ④
4) ③

15과

듣고 말하기 p.154
1. 1) ② 2) ①
2. 1) ② 2) ③ 3) ③

읽고 쓰기 p.156
1) ①
2) ②

16과

듣고 말하기 p.178
1. 1) ③ 2) ② 3) ①
2. 1) ② 2) ② 3) ①

272

모범 답안

'듣고 말하기', '읽고 쓰기'의 문제에 대한 답을 제공한다.

Answer key for comprehension checks in 'Listening and Speaking' and 'Reading and Writing' are provided.

어휘 색인 Glossary

ㄱ

가슴이 두근거리다	to have heart pound	25
가슴이 뛰다	to have one's heart beat	168
가야금	zither	172
가죽	leather	108
가축(을) 키우다	to raise livestock	120
강습	lesson; training	82
거북	turtle	84
거북목 증후군	turtle neck syndrome	84
거칠다	to be rough	169
경비실	security office	151
경상도	Gyeongsang Province	176
경험이 많다	to have a lot of experience	48
계약 기간	contract period	145
계약서	contract	145
계약하다	to make a contract	145
고개를 가로젓다	to shake one's head	217
고개를 끄덕이다	to nod one's head	217
고백하다	to confess	24
고지서	bill	148
곱다	to be pretty/nice	79
공과금	utility bill	145
공기가 맑다	to have clean air	120
공기놀이	a Korean variant of Jacks	130
공예품	craftwork	181
공해가 심하다	to have severe air pollution	120
과목	class; course	150
과수원	orchard	128
과장	section chief; manager	49
관객	audience	216
교정	correction	75
굴뚝	chimney	208
(엉구리를) 굽히다	to bend (at the side)	72
궁중	palace court	200
권유하다	to suggest	77
그네	swing	51
그럴 리가 없다	to have no reason for something; not possible	192
그럴 수 있다	to be possible	192
근무 시간	working hours	48
근육이 뭉치다	to have muscle cramps	80
근육이 생기다	to have muscle growth	73
기금	fund	108
기분이 상쾌하다	to feel refreshed	73
기우제	rain ritual	136
기운이 나다	to be energized	73
깜짝 놀라다	to be suddenly startled	217
깨뜨리다	to break; destroy	216
꼼꼼하다	to be detail oriented	48
(방을) 꾸미다	to decorate (a room)	96
꾸준히	regularly; consistently	76
(반지를) 끼다	to slip/put on (a ring)	97

ㄴ

나란히 앉다	to sit side-by-side	25
나무꾼	woodcutter	132
나무를 하다	to cut wood	132
나무판	wooden board	172
나이가 들다	to get older	128
나이를 먹다	to grow old	128
난방이 안되다	to have broken air conditioning	144
날씬하다	to be slim	82
낡다	to be old/worn	132
남다	to be leftover	97
납부하다	to make a payment	145
낭비하다	to be wasteful	145
낮말	day words	208
내복	undergarments; long johns	156
내장산	a mountain in Jeolla Province	176

274

어휘 색인

교재에 나오는 모든 어휘를 출현한 페이지와 함께 제시한다.

A list is provided of all the vocabulary in the textbook, with page number.

차례 Contents

교재 구성표 Scope and Sequence

단원 Unit	말하기 Speaking	듣고 말하기 Listening and Speaking	읽고 쓰기 Reading and Writing
10 과 결혼하려면 아직 멀었어요 It will be a long time before I get married	• 연애 과정 회상하기 Recalling the romantic stage • 준비 과정 설명하기 Explaining about making preparations	• 결혼 소식을 전하는 인터뷰 듣기 Listening to an interview that tells news of one's marriage • 라디오 편지 듣기 Listening to radio letters • 연애와 결혼에 대해 이야기하기 Talking about romance and marriage	• 연애에 대한 칼럼 읽기 Reading a column on romance • 연애에 대해 조언하는 글 쓰기 Writing suggestions about romance
11 과 언제든지 일할 수 있어요 You can work anytime you like	• 아르바이트 경험 설명하기 Explaining part-time job experiences • 구직 상담하기 Advising about job searches	• 업무 설명하는 대화 듣기 Listening to explanations of work duties • 직장 생활에 대한 불평과 조언 듣기 Listening to complaints and suggestions about work life • 직장 생활에 대해 이야기하기 Talking about work life	• 성공적인 직장 생활에 대한 글 읽기 Reading about successful work life • 성공적인 직장 생활에 대한 글 쓰기 Writing about successful work life
12 과 운동을 했더니 몸이 좋아졌어요 I exercised, and my body became better	• 운동 권유하기 Recommending exercise • 운동 방법 설명하기 Explaining exercise methods	• 건강 상담 프로그램 듣기 Listening to a health counseling program • 스포츠 센터 강사와 회원의 대화 듣기 Listening to a conversation between a sports center instructor and a member • 건강과 운동에 대해 이야기하기 Talking about health and exercise	• 목 운동에 대해 권유하는 글 읽기 Reading a recommendation about neck exercises • 건강을 위한 운동 권유하는 글 쓰기 Writing a recommendation about exercise for health
13 과 지금 입고 있는 양복이 잘 어울려요 The suit you are wearing looks good on you	• 모임에 맞는 옷차림 의논하기 Inquiring about proper attire for gatherings • 모임 평가하기 Evaluating gatherings	• 어울리지 않는 옷차림에 대한 대화 듣기 Listening to conversations about clothing that does not match well • 행사를 평가하는 대화 듣기 Listening to conversations about evaluating events • 모임과 행사에 어울리는 옷차림 이야기하기 Talking about proper attire for gatherings and events	• 행사에 초대하는 글 읽기 Reading invitations to events • 행사 초대장 쓰기 Writing invitations to events

과제 Task	어휘 Vocabulary	문법과 표현 Grammar and Expression	발음 Pronunciation	문화 산책 Culture Note
'사랑'에 대한 이야기 만들기 Making a story about 'love'	• 연애와 결혼 Romance and marriage	• A/V-던 • A/V-잖아(요) • V-(으)ㄹ 생각[계획, 예정]이다 • V-(으)려면 멀었다	• 받침 'ㅅ'의 발음 Pronunciation of final 'ㅅ'	• 한국의 시 「고백」 Korean poem: 'Confession'
취업 박람회 Job expo/fair	• 업무 Work duties	• V-이/히/리/기/우-(사동) • A-다면, V-ㄴ다면/는다면, N(이)라면 • 무엇이든(지), 무슨 N(이)든(지)	• 비음화 1 (작년) Nasalization 1 (last year)	• 한국의 직장 문화 Korean work culture
동작 묘사하기 게임 Describing movements game	• 운동, 몸의 상태 Exercise, body condition	• V-았더니/었더니 • 얼마나 A-(으)ㄴ지/ V-는지 모르다 • A-(으)ㄴ 모양이다, V-는 모양이다, N인 모양이다 • A/V-아야/어야, N이어야/여야	• 비음화 2 (음료수) Nasalization 2 (beverage)	• 한국의 등산 문화 Korean hiking culture
행사 계획하기 Planning events	• 모임과 옷차림 Gatherings and attire	• A/V-(으)ㄹ까 봐 • V-고 있다 • A/V-았어야/었어야 했는데 • V-도록	• 겹받침의 발음 Pronunciation of double consonants	• 한국의 관혼상제 Coming of age, weddings, funerals, ancestral rites

교재 구성표 Scope and Sequence

단원 Unit	말하기 Speaking	듣고 말하기 Listening and Speaking	읽고 쓰기 Reading and Writing
14 과 나이가 들면 들수록 고향이 그리워져요 The older I get, the more I miss my hometown	• 변화상 묘사하기 Describing changes • 도시와 시골 생활 비교하기 Comparing city and country life	• 도시에서 농사짓는 이야기 듣기 Listening to stories of farming in the city • 전시회 관람 소감 듣기 Listening to impressions about an exhibition • 과거와 미래에 대해 이야기하기 Talking about pasts and futures	• 속담 이야기 읽기 Reading stories about proverbs • 미래 상상해서 글 쓰기 Writing about imagined futures
15 과 전기를 아껴 쓰지 않으면 안 돼요 Electricity should be conserved	• 문제 해결하기 Solving problems • 불만 제기하기 Bringing up complaints	• 이웃 간에 불평하는 대화 듣기 Listening to complaint conversations between neighbors • 집주인과 세입자의 대화 듣기 Listening to conversations between landlords and tenants • 집과 이웃에 대해 이야기하기 Talking about homes and neighbors	• 돈을 아끼는 방법에 대한 글 읽기 Reading about money saving methods • 절약 방법에 대해 글 쓰기 Writing about energy saving methods
16 과 가야금이 사람 키만 해요 A zither is as tall as a person	• 악기 묘사하기 Describing musical instruments • 여가 활동 소개하기 Introducing leisure activities	• 물건의 모양을 설명하는 전화 대화 듣기 Listening to telephone calls describing the shapes of objects • 연 만드는 방법 듣기 Listening to a kite making method • 여가 활동에 대해 이야기하기 Talking about leisure activities	• 야외 활동에 대한 신문 기사 읽기 Reading newspaper articles about outdoor activities • 자기 나라의 장소나 활동 소개하는 글 쓰기 Writing to introduce your country's locations and activities
17 과 두 사람이 연인 사이라니요? Those two are a couple?	• 소문 전달하기 Passing on rumors • 오해 정정하기 Correcting misunderstandings	• 편견에 대한 뉴스 듣기 Listening to news about prejudice • 건강에 대한 상담 듣기 Listening to counseling about health • 편견과 오해에 대해 이야기하기 Talking about prejudice and misunderstandings	• 서동요에 대한 글 읽기 Reading about 'Seodongyo' • 들은 소문에 대한 글 쓰기 Writing about a heard rumor
18 과 거울이 깨지고 말았어요 The mirror finally cracked		• 연극 대본 읽기 Reading a script for a play • 대본에 따라 역할극 하기 Role-play following a script	

과제 Task	어휘 Vocabulary	문법과 표현 Grammar and Expression	발음 Pronunciation	문화 산책 Culture Note
• 살기 좋은 곳 설계하기 Designing good places to live	• 도시와 시골 City and countryside	• 하도 A/V-아서/어서 • A/V-았던/었던 • A-아/어하다 • A/V-(으)면 A/V-(으)ㄹ수록	• 유음화 Liquidization	• 한국의 절기 Korean solar terms
• 갈등 해결하기 역할극 Role-play to solve complications	• 주거 생활 Home life	• V-게 하다 • A/V-(으)ㄹ걸(요) • A/V-지 않으면 안 되다 • V-는 길에	• 의문문의 억양 Interrogative sentence intonation	• 한국의 이사 풍습 Korean moving customs
• 사물 묘사하기 게임 Describing objects game	• 심리 상태, 모양 묘사 Mental states, describing shapes	• N만 하다 • V-(으)ㄹ 생각도 못 하다 • V-(으)ㄹ 만하다 • A/V-기로 유명하다, N(으)로 유명하다	• 연음 Liaison	• 한국의 조각보 Korean patchwork
• 잘못된 상식 바로 잡기 게임 Catching common misconceptions game	• 소문 Rumors	• V-고 보니(까) • A-(으)ㄴ/V-는 척하다 • A/V-다니(요), N(이)라니(요) • N(이)라고 (해서) 다 A-(으)ㄴ/V-는 것은 아니다	• 낭독 연습 Practicing reading aloud	• 소문에 대한 한국 속담 Korean proverbs about rumors
• 연극하기 Acting	• 연극, 연기 Theatrical play, acting	• A-다니까(요), V-ㄴ다니까(요)/는다니까(요), N(이)라니까(요) • V-고 말다		

등장인물 Characters

알리 (20)
사우디아라비아
LEI 학생, 대학생
마리코 (30)
일본
LEI 학생, 주부
줄리앙 (25)
프랑스
LEI 학생, 대학원생
이지연 (30)
한국
주부
김민수 (28)
한국
회사원
아키라 (28)
일본
LEI 학생, 회사원

10 결혼하려면 아직 멀었어요

It will be a long time before I get married

잘 듣고 이야기해 보세요. track 02

1. 남자는 어제 무엇을 했습니까?
2. 남자는 여자를 어떻게 생각하고 있습니까?

학 습 목 표

어 휘	• 연애와 결혼 Romance and marriage
문법과 표현 1	• A/V-던 • A/V-잖아(요)
말하기 1	• 연애 과정 회상하기 Recalling the romantic stage
문법과 표현 2	• V-(으)ㄹ 생각[계획, 예정]이다 • V-(으)려면 멀었다
말하기 2	• 준비 과정 설명하기 Explaining about making preparations
듣고 말하기	• 결혼 소식을 전하는 인터뷰 듣기 Listening to an interview that tells news of one's marriage • 라디오 편지 듣기 Listening to radio letters • 연애와 결혼에 대해 이야기하기 Talking about romance and marriage
읽고 쓰기	• 연애에 대한 칼럼 읽기 Reading a column on romance • 연애에 대해 조언하는 글 쓰기 Writing suggestions about romance
과 제	• '사랑'에 대한 이야기 만들기 Making a story about 'love'
문화 산책	• 한국의 시 「고백」 Korean poem: 'Confession'
발 음	• 받침 'ㅅ'의 발음 Pronunciation of final 'ㅅ'

어 휘 Vocabulary

1. 그림을 보면서 연애 경험에 대해 [보기]와 같이 이야기해 보세요.

소개팅하다

첫눈에 반하다

사귀다

사랑에 빠지다

고백하다

연애하다

선보다

청혼하다

보 기

두 사람은 어떻게 처음 만났어요?

누가 먼저 고백했어요?

소개팅을 했는데 보자마자
사랑에 빠졌어요.

2. 지금 사귀는 사람이나 사귀고 싶은 사람에 대해 [보기]와 같이 이야기해 보세요.

성격[마음]이 잘 맞다	조건이 맞다	매력이 있다
말[생각]이 잘 통하다	인상이 좋다	마음씨가 착하다

보 기

어떤 사람과 사귀고 싶어요?

어떤 사람과 결혼하고 싶어요?

저는 저와 성격이 잘 맞는
사람과 사귀고 싶어요.

3. 연애하는 사람들의 모습을 보고 알맞은 단어를 골라 쓰세요.

나란히 앉다	얼굴이 빨개지다	손을 잡다
어깨에 기대다	가슴이 두근거리다	팔짱을 끼다

(나란히 앉아 있어요.)

(   )

(   )

(   )

(   )

(   )

4. 빈칸에 알맞은 단어를 넣어 보세요.

신혼여행	중매결혼	연애결혼	청첩장	예식장

Wedding Day

저희 두 사람이
드디어 결혼을 합니다.
꼭 오셔서 축하해 주세요.

김민종 • 이지수의 차남 **민수**
이종훈 • 박지선의 장녀 **지현**

일시 2월 15일(토) 낮 12시
장소 강남 1) ______________ 2층

●●●●● 10:00 100%

〈 Messages

2) ______________ 받았어요?

네, 방금 받았어요. 축하해요.
3) ______________은 어디로 가요?

제주도로 가요.

근데 두 사람은
4) ______________이에요?

아니요, 5) ______________이에요.
아는 분 소개로 선을 봤어요.

문법과 표현 1 Grammar and Expression 1

1. A/V-던

track 03

A 내가 마시던 커피 어디 갔지?

B 그 커피 다 마신 줄 알고 내가 버렸는데…….

예

- 어제까지 따뜻하**던** 날씨가 갑자기 추워졌어요.
- 침대 옆에 있**던** 안경이 없어졌어.
- 아플 때는 어머니가 자주 해 주시**던** 음식이 먹고 싶어져요.
- 저는 언니가 공부하**던** 책으로 한국어를 배웠어요.

연습 다른 사람이 쓰던 물건을 사용한 적이 있어요? [보기]와 같이 이야기해 보세요.

보 기

1)

2)

3)

4)

5)

6)

?

2. A/V-잖아(요)

track 04

A 유진 씨는 오늘 미팅에 안 와요?

B 유진 씨는 남자 친구가 있잖아요.
그래서 안 불렀어요.

예
- 정우 씨는 김밥을 자주 먹네요. – 싸고 맛있**잖아요**.
- 지금은 지하철을 타는 게 나아요. 길이 막히**잖아요**.
- 지각했다고? 그것 봐. 내가 일찍 일어나라고 했**잖아**.
- 프랑스어는 줄리앙 씨에게 물어보세요. 프랑스 사람이**잖아요**.

연습 다음에 대해 [보기]와 같이 이야기해 보세요.

보기

1) 유진 씨는 영어를 참 잘하네요.

2) 10월 9일에 왜 학교에 안 가요?

3) 한국 드라마를 많이 보는 편이에요? 왜요?

4) 알리 씨는 이태원에 자주 가는 것 같아요.

5) 좋아하는 배우/가수가 있어요? 왜 그 사람을 좋아해요?

6) ?

말하기 1 Speaking 1

track 05

히엔	유진 씨는 스티븐 씨하고 어떻게 처음 만났어요?
유진	스티븐이 도서관에서 내가 마시던 커피를 쏟았어요.
히엔	아, 그래서요?
유진	미안하다면서 대신 저녁을 사 주겠다고 하던데요. 그런데 사실은 나한테 첫눈에 반해서 일부러 그런 거래요.
히엔	유진 씨도 스티븐 씨가 마음에 들었어요?
유진	처음에는 매력 있어 보였어요. 스티븐이 씩씩하고 활발하잖아요. 하지만 사귀어 보니까 성격이 안 맞아서 맨날 싸워요.
히엔	전 두 사람이 손을 잡고 가는 모습을 보면 참 부러워요. 데이트는 주로 어디서 해요?
유진	한강공원에서 자전거도 타고 극장에도 자주 가요.

연습1 친구와 연습해 보세요.

1) 마시다 / 커피를 쏟다
   씩씩하고 활발하다
   손을 잡고 가다
   극장

2) 읽다 / 책을 떨어뜨리다
   인상도 좋고 말도 재미있게 하다
   팔짱을 끼고 걷다
   전시회

일부러 on purpose; intentionally 맨날 everyday

연습2 여러분이 사귀어 본 이성 친구에 대해 [보기]와 같이 이야기해 보세요.

보 기

그 사람과 처음에 어떻게 만났어요?

같은 고등학교에 다니던 친구였는데…….

그 사람과 어떻게 사귀게 됐어요?

제가 용기를 내서 먼저 고백했어요. 그래서…….

1) 어떻게 만났어요?

2) 어떻게 사귀게 됐어요?

3) 왜 그 사람을 좋아하게 됐어요?

4) 첫 데이트를 어디에서 했어요?

5) 고향에서 유명한 데이트 코스가 어디예요?

6) 지금도 그 사람을 만나요? / 왜 헤어졌어요?

7) ?

이성 opposite sex 용기를 내다 to muster courage 데이트 코스 date course 헤어지다 to break up

문법과 표현 2 Grammar and Expression 2

1. V-(으)ㄹ 생각[계획, 예정]이다

track 06

A 아이는 몇 명쯤 낳을 계획이에요?

B 두 명 정도 낳을 생각이에요.

예

- 자유로운 생활을 좋아해서 결혼하지 않고 혼자 **살 생각이에요**.
- 전공 공부를 더 하기 위해서 대학원에 진학**할 계획이에요**.
- 한 달 동안 유럽으로 출장을 다녀**올 예정입니다**.

연습 자신의 인생 계획을 세우고 [보기]와 같이 친구들과 이야기해 보세요.

나의 인생 계획

1년 후	10년 후	20년 후	30년 후	40년 후
졸업, 취직				

보 기

2. V-(으)려면 멀었다

track 07

A 언제쯤 결혼할 생각이에요?

B 저는 결혼하려면 멀었어요.
아직 취직도 못 했는데요.

예

- 한국 사람처럼 한국말을 잘하**려면** 아직 **멀었어요**.
- 입학한 지 얼마 안 돼서 졸업하**려면 멀었어요**.
- 일이 아직 많이 남아서 끝내**려면 멀었어요**.

연습 [보기]와 같이 이야기해 보세요.

보기

언제 집을 살 계획이에요?

집을 사려면 아직 멀었어요.
통장에 100만 원밖에 없어요.

1)

2)

3)

4)

5) ?

1) 아이가 초등학생이에요?

2) 이제 기타를 잘 치겠네요.

3) 이제 한국말을 잘하지요?

4) 언제 월급을 받아요?

말하기 2 Speaking 2

track 08

아키라	오랫동안 연애하더니 드디어 결혼하네요. 준비는 다 됐어요?
민 수	결혼 준비 다 하려면 아직 멀었어요. 청첩장도 보내야 하고 신혼여행 준비도 해야 하고, 할 일이 많네요.
아키라	신혼집은 어디로 정했어요?
민 수	그냥 지금 살고 있는 오피스텔에서 신혼살림을 시작할 생각이에요.
아키라	아, 그럼 되겠네요. 회사에서도 가깝고요.
민 수	그런데 여자 친구는 더 넓은 집에서 살고 싶대요. 서로 마음이 잘 맞는다고 생각했는데…….
아키라	결혼 준비가 생각보다 쉽지 않군요.
민 수	그래도 사랑하는 사람과 함께 살 생각을 하면 가슴이 두근거려요.
아키라	하하, 천생연분인가 보네요.

1) 청첩장도 보내다
   지금 살고 있는 오피스텔
   더 넓은 집에서
   마음이 잘 맞다

2) 가구도 사다
   부모님 댁
   따로 나와서
   생각이 잘 통하다

신혼집 newlywed home; first house after marriage 신혼살림 newly-married life 천생연분 match made-in-heaven

연습2 [보기]와 같이 준비 과정에 대해 설명해 보세요.

보 기

계획	준비할 것	문제점
신혼여행 준비	신혼여행 장소를 알아본다. 여행 가방을 싼다. 여행사에 예약한다.	가고 싶은 곳이 다르다.
유학 준비		
취업 준비		
?		

듣고 말하기 Listening and Speaking

준비 중요하게 생각하는 이성 친구의 조건은 무엇입니까?

☐ 외모 ☐ 성격 ☐ 학력

☐ 직업 ☐ ____________

듣기1 잘 듣고 질문에 답하세요. track 09

1) 남자에 대해 들은 내용과 같은 것은 무엇입니까?

① 중매결혼을 한다.

② 유명한 배우와 결혼한다.

③ 초등학교 후배와 비밀 연애를 했다.

2) 남자가 결혼할 사람을 좋아하는 이유는 무엇입니까?

① 외모와 조건이 잘 맞는다.

② 운동선수의 생활을 잘 이해한다.

③ 허리를 다쳤을 때 잘 치료해 줬다.

준비 결혼할 때 문제가 될 수 있는 것은 무엇일까요?

☐ 부모의 반대 ☐ 성격 차이 ☐ 국적

☐ 종교 ☐ 나이 ☐ ____________

듣기2 잘 듣고 질문에 답하세요. track 10

1) 두 사람은 어떻게 처음 만났습니까?

① 두 사람은 같은 학교에서 요리를 배웠다.

② 여자는 남자가 입원한 병원의 간호사였다.

③ 여자는 남자가 다니던 학교의 일본어 선생님이었다.

2) 남자가 여자에게 고백하지 않은 이유는 무엇입니까?

① 여자가 자기의 이상형이 아니었기 때문에

② 남자가 한국으로 돌아올 생각이었기 때문에

③ 남자가 연상의 여자를 좋아하지 않았기 때문에

3) 들은 내용과 같은 것은 무엇입니까?

① 여자가 교통사고를 당했기 때문에 남자는 귀국할 수 없었다.

② 남자가 나이도 많고 외국인이라서 여자의 부모님이 결혼을 반대했다.

③ 부모님의 심한 반대에도 불구하고 두 사람의 사랑은 변하지 않았다.

말하기 다음에 대해 친구들과 함께 이야기해 보세요.

1. 여러분이 생각하는 배우자의 조건은 무엇입니까?
2. 연애결혼과 중매결혼의 좋은 점과 나쁜 점은 무엇입니까?
3. 사랑하는 사람을 부모님이 싫어하시면 어떻게 하겠습니까?
4. 외국인과 결혼하는 것(국제결혼)에 대해 어떻게 생각합니까?
5. 결혼할 사람과의 나이 차이는 어느 정도가 좋을까요?
   연상 연하 커플에 대한 생각을 말해 보세요.

연상 older than 배우자 spouse 연하 younger than

읽고 쓰기 Reading and Writing

준비 여러분은 언제 사랑이 식었다는 생각이 듭니까?

읽기 다음 글을 읽고 질문에 답하세요.

김영희의 연애 칼럼

사랑에 빠진 연인들은 서로의 사랑이 영원할 거라고 생각합니다. 하지만 사랑에도 유통 기한이 있다고 합니다. 뜨겁게 연애를 하던 사람들도 18개월에서 30개월이 지나면 더 이상 손을 잡거나 팔짱을 껴도 가슴이 두근거리지 않는다고 합니다. 이 때문에 사랑이 식었다고 생각해서 헤어지는 연인들이 많습니다. 그러나 이런 변화는 사랑의 여러 가지 단계 중의 하나입니다. 서로의 노력으로 사랑은 더 커질 수 있습니다. 지금 곁에 있는 사람과 평생을 함께할 생각입니까? 오랫동안 사랑을 지킬 수 있는 방법 몇 가지를 소개하겠습니다.

첫째, 서로를 있는 그대로 이해해 줍니다.
둘째, 사랑하는 마음을 자주 표현합니다.
셋째, 거짓말을 하면 안 됩니다.
넷째, 함께 할 수 있는 취미를 만듭니다.
다섯째, 다른 사람과 비교하지 않습니다.

여자는 남자의 마음이 변했다고 느낄 때 헤어질 생각을 하고, 남자는 여자와 성격이 안 맞을 때 이별을 생각한다고 합니다. 모든 연인들이 싸우지 않고 항상 행복할 수는 없겠지만 위의 방법대로 하면 사랑하는 사람과 오래 함께할 수 있을 겁니다.

1) 이 글을 쓴 이유는 무엇입니까?

① 아름답게 헤어지는 방법을 알려 주려고

② 사랑하던 연인들이 헤어지는 이유를 알려 주려고

③ 사랑을 오랫동안 지킬 수 있는 방법을 알려 주려고

2) 이 글의 내용과 같은 것을 고르세요.

① 사랑하는 마음을 자주 표현해야 사랑을 오래 지킬 수 있다.

② 여자는 연애를 할 때 성격이 맞는 것을 가장 중요하게 생각한다.

③ 이 글에서 소개한 방법대로 하면 연인들이 싸우지 않고 행복할 수 있다.

칼럼 column 연인 one's lover 영원하다 to be forever 유통 기한 expiration date 더 이상 anymore 사랑이 식다 to have love cool-off
단계 stage; phase 평생 one's whole life 함께하다 to do together 있는 그대로 as it is

쓰기 사랑하는 사람과 행복하게 지내기 위해 필요한 것에 대해 써 보세요.

1) 언제 가장 사랑받고 있다고 느낍니까?

- ☐ 함께 시간을 보낼 때
- ☐ 선물을 받을 때
- ☐ 맛있는 요리를 해 줄 때
- ☐ 사랑한다는 말을 들을 때
- ☐ ______________________________

2) 사랑하는 사람과 문제가 생겼을 때 어떻게 해결하면 좋을까요?

- ☐ 사과하는 편지를 쓴다.
- ☐ 상대방이 먼저 연락을 할 때까지 기다린다.
- ☐ 상대방의 화가 풀릴 때까지 계속 사과한다.
- ☐ ______________________________

3) 사랑하는 사람과 행복하게 지내기 위해서 어떤 노력이 필요할까요?

- ☐ 기념일을 기억한다.
- ☐ 사랑한다고 자주 말한다.
- ☐ ______________________________
- ☐ ______________________________

상대방 the opposite party 화가 풀리다 to have anger released

4) 다음 고민을 읽고 조언하는 글을 써 보세요.

저는 21살 대학생인데 처음으로 여자 친구가 생겼습니다.
여자 친구한테 잘 보이고 싶고 항상 행복하게 해 주고 싶은데 여자의 마음을 잘 모르니까 어떻게 해야 할지 잘 모르겠어요. 아직 고백을 못 했는데 어떤 방법으로 고백하면 가장 좋아할까요? 기분이 나쁘거나 화가 났을 때 풀어 줄 수 있는 좋은 방법도 알고 싶어요.
여자 친구와 헤어지지 않고 오랫동안 사귀고 싶어요. 도와주세요.

과제 Task

'사랑'을 주제로 이야기를 만들어 보세요.

첫사랑, 짝사랑 등의 경험을 이야기해 보세요.

카드를 뽑아서 친구들과 함께 '사랑'에 대한 이야기를 만들어 보세요. (상황 카드 → p.234)

1. 어디에서 처음 만났어요?
2. 그때 뭘 하고 있었어요?
3. 어떤 점이 마음에 들었어요?
4. 왜 헤어졌어요?
5. 어떻게 다시 만났어요?
6. 언제, 어떻게 고백했어요?/고백을 받았어요?

함께 만든 사랑 이야기를 발표해 보세요.

짝사랑 unrequited love

문화 산책 Culture Note

준비 좋아하는 사랑에 대한 시를 소개해 보세요.

알아보기

고백

김남조

열. 셀 때까지 고백하라고.
아홉. 나 한 번도 고백해 본 적 없어.
여덟. 왜 이렇게 빨리 세?
일곱. …….
여섯. 왜 때려?
다섯. 알았어. 있잖아.
넷. 네가 먼저 해 봐.
셋. 넌 고백 많이 해 봤잖아.
둘. 알았어.
하나 반. 화 내지 마. 있잖아.
하나. 사랑해.

생각 나누기 여러분도 사랑에 대한 시를 써 보세요.

발음 Pronunciation

준비 들어 보세요. track 11

1) 빗방울이 떨어지네요.
2) 스티븐이 저를 보고 첫눈에 반했대요.

규칙 1. 'ㄱ, ㄷ, ㅂ, ㅅ, ㅈ'으로 시작하는 단어 앞에 받침 'ㅅ'이 올 때는 [ㄲ, ㄸ, ㅃ, ㅆ, ㅉ]으로 발음됩니다.
When the beginning consonants 'ㄱ, ㄷ, ㅂ, ㅅ, ㅈ' are preceded by a final consonant 'ㅅ', they are pronounced as [ㄲ, ㄸ, ㅃ, ㅆ, ㅉ].

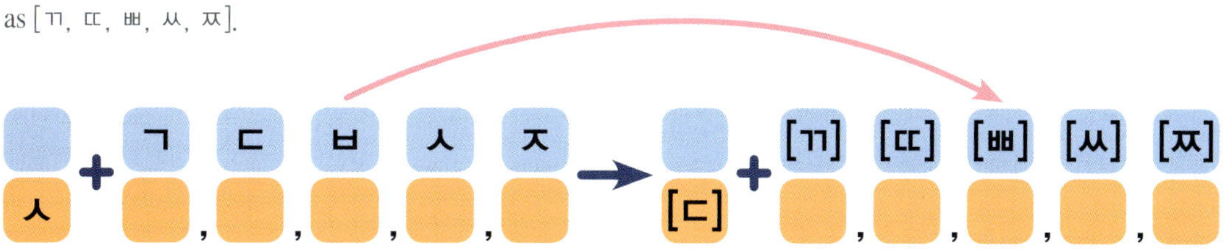

예] 콧등이 가려워요. 냇가에서 고기를 잡았어요.

2. 받침 'ㅅ' 뒤에 'ㄴ, ㅁ'이 오면 [ㄴ]으로 발음됩니다.
When the final consonant 'ㅅ' is followed by 'ㄴ' or 'ㅁ', it is pronounced as [ㄴ].

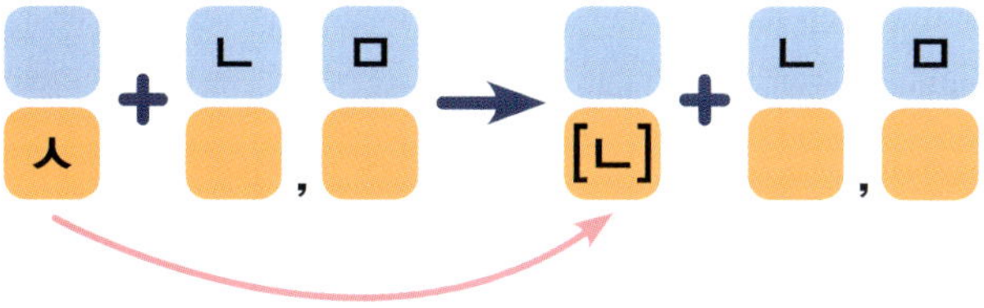

예] 감기에 걸려서 콧물이 계속 나요. 길을 걷다가 넘어져서 아랫니가 부러졌어요.

3. 받침 'ㅅ' 뒤에 '이' 음이 오면 [ㄴ][ㄴ]으로 발음됩니다.
When the final consonant 'ㅅ' is followed by '이', they are pronounced as [ㄴ] and [ㄴ] respectively.

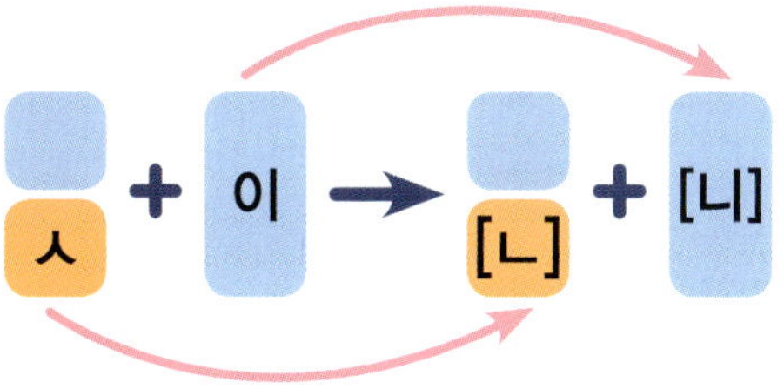

예] 고기는 상추와 깻잎에 싸서 먹으면 더 맛있어요. 저 먼저 갈게요. 뒷일을 부탁해요.

연습 다음 글을 읽어 보세요. track 12

> 나는 어렸을 때 시골에서 자랐다. 봄이 되면 뒷산에 올라가 마음껏 뛰어놀았고 여름에는 친구들과 바닷가에서 수영을 했다. 가을이 되면 냇가 근처에 돗자리를 펴고 떨어지는 나뭇잎을 바라보았다. 겨울에는 눈 쌓인 뒷산에 올라가 썰매를 탔다. 어느 겨울, 썰매를 타다가 친구와 부딪친 적이 있는데 너무 재미있어서 아랫니가 부러진 줄도 모르고 하루 종일 놀았다.

자기 평가 Self-Check

1. 아는 단어에 √ 하세요.

☐ 고백하다	☐ 선보다	☐ 성격이 잘 맞다	☐ 어깨에 기대다
☐ 첫눈에 반하다	☐ 사귀다	☐ 말이 잘 통하다	☐ 중매결혼
☐ 사랑에 빠지다	☐ 청혼하다	☐ 팔짱을 끼다	☐ 연애결혼

2. 알맞은 것을 골라 대화를 완성하세요.

-던	-잖아(요)
-(으)ㄹ 생각[계획, 예정]이다	-(으)려면 멀었다

1) A 언제 졸업해요?
   B 여러 번 휴학을 해서 ______________________.

2) A 왜 그렇게 옷을 많이 사요?
   B 세일이라서 값이 ______________________.

3) A 내가 ______________________ 책 못 봤어? 책상 위에 둔 것 같은데 없어졌어.
   B 글쎄, 나는 아무것도 못 봤는데.

4) A 이번 휴가 때 뭘 할 거예요?
   B 이번 휴가 때 제 결혼기념일이 있어서 ______________________.

3. 한국어로 할 수 있는 것에 √ 하세요.

☐ 지나간 일을 회상하며 말할 수 있다.

☐ 준비 과정을 설명할 수 있다.

☐ 미래의 계획에 대해 이야기할 수 있다.

☐ 다른 사람의 고민을 읽고 조언하는 글을 쓸 수 있다.

모범 답안

2. 1) 졸업하려면 멀었어요 2) 싸잖아요 3) 읽던 4) 여행을 갈 예정이에요

번 역 Translation

어휘

소개팅하다	to have a blind date
첫눈에 반하다	to be love struck at first glance
사귀다	to be in a relationship; go out
사랑에 빠지다	to fall in love
고백하다	to confess
연애하다	to have a romantic relationship
선보다	to meet with a view toward marriage
청혼하다	to propose marriage
성격[마음]이 잘 맞다	to have a matching personality
조건이 맞다	to meet a condition
매력이 있다	to be attractive
말[생각]이 잘 통하다	to understand each other
인상이 좋다	to make a good impression
마음씨가 착하다	to be kind-hearted
나란히 앉다	to sit side-by-side
얼굴이 빨개지다	to become red-faced; blush
손을 잡다	to hold hands
어깨에 기대다	to lean on a shoulder
가슴이 두근거리다	to have heart pound
팔짱을 끼다	to be arm-in-arm
신혼여행	honeymoon
중매결혼	match-made marriage
연애결혼	love marriage
청첩장	wedding invitation
예식장	wedding ceremony hall

말하기 1

Hien	Yujin, how did you first meet Steven?
Yujin	Steven spilled the coffee I was drinking at the library.
Hein	Gosh, and then?
Yujin	He said he would buy me dinner to apologize. But in fact, he was attracted to me as soon as he saw me and spilled it on purpose.
Hien	Did you like Steven as well, Yujin?
Yujin	At first he seemed to be attractive. Steven is energetic and active, you know. But now that we've gotten together, our personalities are not right for each other, so we fight all the time.
Hien	Even so, when I see you both walking holding hands, I really envy you. Where do you usually go on your dates?
Yujin	We ride bikes at the Han River Park and go to the cinema frequently.

말하기 2

Akira You've been in a romantic relationship for a long time and now you are getting married. Are you all prepared?

Minsu I'm still far from finishing the preparations. I must send the invitations and prepare for the honeymoon—we have a lot to do.

Akira Where is your newlywed home?

Minsu We think we will just start our newlywed lives in the officetel I've been living in.

Akira Ah, then that should do. It's close to your work, too.

Minsu However, my girlfriend says she wants to live in a more spacious place. I thought that we were a good match though...

Akira Wedding preparations are not as easy as one may think.

Minsu But my heart leaps up when I think of living with a loved one.

Akira Ha-ha, you two must be a match made-in-heaven.

11 언제든지 일할 수 있어요

You can work anytime you like

잘 듣고 이야기해 보세요. track 13

1. 여자는 어제 무엇을 했습니까?
2. 면접관이 무슨 질문을 했습니까?

학 습 목 표

어 휘	• 업무 Work duties
문법과 표현 1	• V–이/히/리/기/우–(사동)
말하기 1	• 아르바이트 경험 설명하기 Explaining part-time job experiences
문법과 표현 2	• A–다면, V–ㄴ다면/는다면, N(이)라면 • 무엇이든(지), 무슨 N(이)든(지)
말하기 2	• 구직 상담하기 Advising about job searches
듣고 말하기	• 업무 설명하는 대화 듣기 Listening to explanations of work duties • 직장 생활에 대한 불평과 조언 듣기 Listening to complaints and suggestions about work life • 직장 생활에 대해 이야기하기 Talking about work life
읽고 쓰기	• 성공적인 직장 생활에 대한 글 읽기 Reading about successful work life • 성공적인 직장 생활에 대한 글 쓰기 Writing about successful work life
과 제	• 취업 박람회 Job expo/fair
문화 산책	• 한국의 직장 문화 Korean work culture
발 음	• 비음화 1 (작년) Nasalization 1 (last year)

어 휘 Vocabulary

1. 빈칸에 알맞은 말을 넣으세요.

아르바이트 근무 시간 연령 시급 업무 성별

편의점 새벽 1) ________________ 구함

2) ________________ : 밤 11시~새벽 5시

3) ________________ : 편의점 물건 정리

4) ________________ : 1시간에 9,000원

5) ________________ : 남

6) ________________ : 20세~30세

123-4567 123-4567 123-4567 123-4567 123-4567 123-4567 123-4567 123-4567 123-4567 123-4567

2. 여러분이 [보기]의 신입 사원을 뽑아야 합니다. 어떤 사람을 뽑고 싶습니까?

성실하다	꼼꼼하다	경험이 많다
실력이 있다	이해가 빠르다	최선을 다하다
보고서 작성을 잘하다	대인 관계가 원만하다	

보 기 은행원 호텔 직원 자동차 판매 사원 전자 회사 연구원 ?

3. 사무실 그림을 보고 누가 어느 자리에 앉아야 할지 [보기]와 같이 이야기해 보세요.

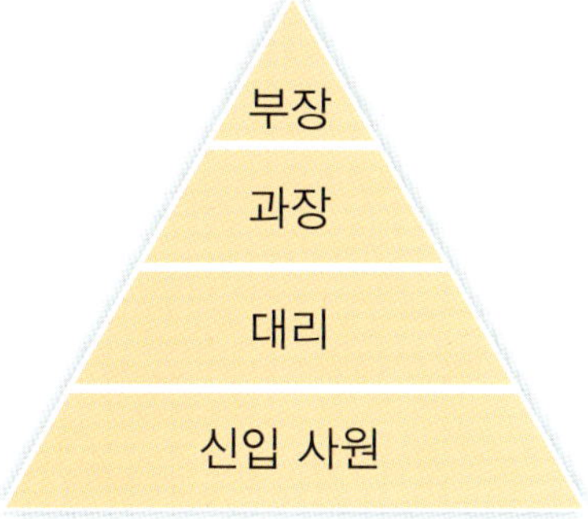

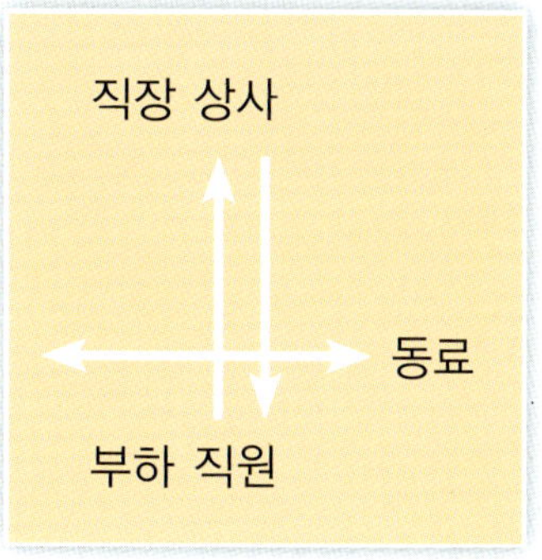

보 기

4. 친구와 함께 어떤 회사가 좋은지 [보기]와 같이 이야기해 보세요.

대기업	중소기업
연봉이 높다 출퇴근 시간이 자유롭다	승진 기회가 많다 휴가가 길다

보 기

문법과 표현 1 Grammar and Expression 1

1. V-이/히/리/기/우-(사동)

track 14

A 출근할 때 아이는 어떻게 해요?

B 어린이집에 맡겨요.

예

- 출출하면 라면이라도 **끓여** 먹을까요?
- 검사를 해야 하니까 환자를 침대에 **눕히세요.**
- 저는 어렸을 때 장난이 심해서 동생을 자주 **울렸어요.**
- 비가 오니까 아이에게 장화를 **신기세요.**

연습1 감기에 걸린 아이에게 해 줘야 하는 것과 하면 안 되는 것에 대해 [보기]와 같이 이야기해 보세요.

보 기

1) 

2) 

3) 

4) 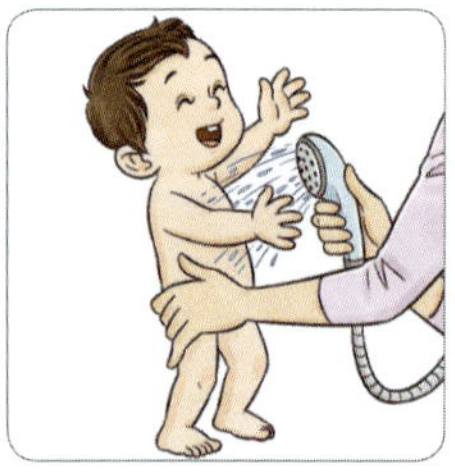

5) 

6) 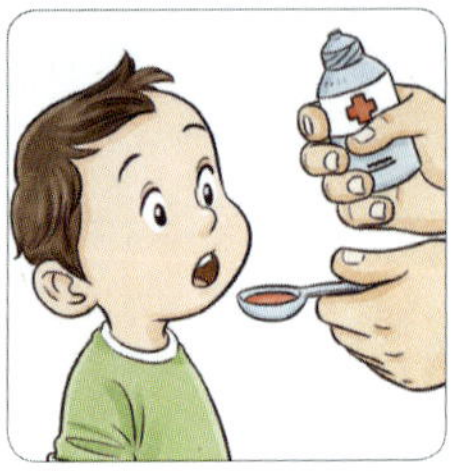

7) 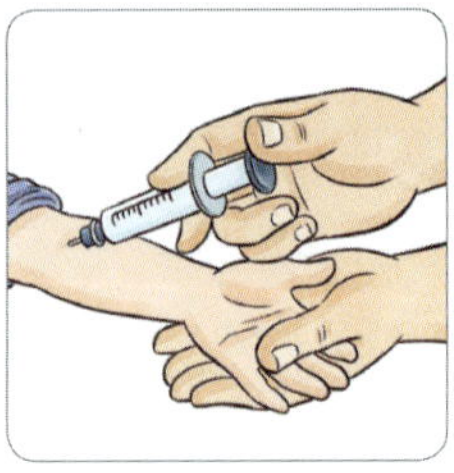

8) ?

장화 boots; galoshes

연습2 아래의 단어를 써서 다른 사람을 도와준 경험에 대해 [보기]와 같이 이야기해 보세요.

동생, 조카, 아기…….

보 기

친구, 가족, 친척…….

보 기

놀이터 playground　그네 swing　파스 medical pad/patch

말하기 1 Speaking 1

track 15

마리코	지연 씨, 요즘 왜 그렇게 바빠요? 우리 얼굴 본 지 오래됐죠?
지 연	실은 얼마 전부터 아르바이트를 하고 있어요.
마리코	아르바이트요? 무슨 일을 하는데요?
지 연	옆집 아이를 돌봐 주고 있어요. 그 아이 엄마가 회사에 다니거든요. 아이가 유치원에서 돌아오면 간식도 먹이고 책도 읽어 줘요.
마리코	힘들지 않아요?
지 연	힘들 때도 있어요. 아이가 낮잠 자는 걸 싫어해서 재울 때 아주 힘들어요.
마리코	근데 왜 갑자기 아르바이트를 시작했어요?
지 연	집 살 돈을 빨리 모으고 싶어서요. 지금 살고 있는 집이 전세거든요.

연습1 친구와 연습해 보세요.

1) 옆집 아이

그 아이 엄마가 회사에 다니다

아이가 유치원에서 돌아오다 /
간식도 먹이다 / 책도 읽어 주다

낮잠 자는 것 / 재울 때

2) 노인 병원의 할머니

그 할머니 가족이 모두 바쁘다

할머니 몸이 불편하시다 /
주물러 드리다 / 옷도 갈아입혀 드리다

약 드시는 것 / 약 먹여 드릴 때

실은 in fact

연습2 아르바이트 경험에 대해 [보기]와 같이 이야기해 보세요.

보 기

인터뷰 질문

1) 어떤 아르바이트를 했어요?

2) 그곳에서 주로 무슨 일을 했어요?

3) 왜 아르바이트를 했어요?

4) 아르바이트할 때 뭐가 힘들었어요?

5) 그 아르바이트의 좋은 점과 나쁜 점이 뭐라고 생각해요?

6) ?

문법과 표현 2 Grammar and Expression 2

1. A-다면, V-ㄴ다면/는다면, N(이)라면

track 16

A 만약에 우리 회사에서 일하게 된다면 어떤 일을 하고 싶어요?

B 전공을 살려서 홍보 업무를 해 보고 싶습니다.

예

- 이 약을 먹어도 계속 아프**다면** 수술을 해야 합니다.
- 만약 물건에 문제가 있**다면** 환불해 드리겠습니다.
- 만약에 제가 부자**라면** 세계 여행을 다닐 거예요.
- 만일 한국어를 배우지 않았**다면** 한국 회사에 취직하지 못했을 거예요.

연습 만약에 다음과 같은 일이 생긴다면 어떻게 할지 [보기]와 같이 이야기해 보세요.

보 기

1) 복권에 당첨된다.

2) 타임머신이 있다.

3) 내일 지구가 없어진다.

4) 남자로/여자로 다시 태어난다.

5) ______________ 씨가 한국 사람이다.

6) ?

전공을 살리다 to use one's major 홍보 publicity 복권에 당첨되다 to win a lottery 타임머신 time machine

2. 무엇이든(지), 무슨 N(이)든(지)

track 17

A 근무 시간이 어떻게 돼요?

B 원하는 시간에 언제든지 일할 수 있어요.

예

- 저는 한국 음식은 **무엇이든지** 잘 먹어요.
- 하루 종일 집에 있을 거니까 심심하면 **언제든지** 놀러 오세요.
- 만약에 그 사람을 다시 만날 수만 있다면 **무슨** 일**이든지** 하겠어요.

연습 [보기]와 같이 친구와 약속을 정해 보세요.

보 기

1) 무슨 요일에 만날까요?

2) 몇 시에 만날까요?

3) 어디에서 만날까요?

4) 만나서 뭘 먹을까요?

5) 만나서 뭘 할까요?

6) ?

말하기 2 Speaking 2

track 18

마리코　아키라 씨, 요즘 회사 생활 어때요?

아키라　보고서 준비 때문에 바쁘지만 동료들이 도와줘서 괜찮아요.

마리코　그렇군요. 저도 한국에서 일해 보고 싶은데 일자리가 있을까요?

아키라　어떤 일을 하고 싶은데요?

마리코　만약 일하게 된다면 학교 다니면서 할 수 있는 아르바이트가 좋을 것 같아요.

아키라　그럼 일본어 번역을 해 보는 건 어때요? 마침 우리 회사에서 서류 번역할 사람을 구하고 있어요.

마리코　정말요? 그런데 제가 잘할 수 있을까요?

아키라　그럼요. 마리코 씨는 무슨 일이든지 성실하게 하잖아요.

마리코　그런데 근무 시간이 어떻게 돼요?

아키라　출퇴근 시간이 자유로워요. 원하는 시간에 언제든지 일할 수 있어요.

연습1　친구와 연습해 보세요.

1) 보고서 준비 때문에 바쁘다
어떤 일을 하고 싶다
일본어 번역 / 서류를 번역하다
무슨 일이든지 성실하게 하다

2) 야근이 많아서 괴롭다
어떤 회사에 다니고 싶다
일본어 통역 / 회의 내용을 통역하다
언제든지 최선을 다하다

일자리 job/work position　서류 document　번역 translation　야근 overtime work　통역 interpretation

연습2 만약 한국에서 일한다면 어떤 일을 해 보고 싶습니까? [보기]와 같이 이야기해 보세요.

보 기

만약에 한국에서 일하게 된다면 어떤 일을 하고 싶어요?

저는 한국어 책을 영어로 번역하는 일을 해 보고 싶어요.

왜 그 일을 하고 싶어요?

저는 혼자 일하는 걸 좋아하고 성격이…….
그리고 전에…….

한국어를 잘하니까 번역 일도 잘하겠네요. 지난번에 일했을 때 근무 조건은 어땠어요?

출퇴근 시간이 자유로워서 좋았는데…….
한국에서 일한다면…….

일의 종류	내 성격	경험	근무 조건

듣고 말하기 Listening and Speaking

준비 여러분 나라에서는 어떤 아르바이트를 많이 합니까?

듣기1 잘 듣고 질문에 답하세요. track 19

1) 여기는 어디입니까?

① 모자 가게 ② 옷 가게 ③ 신발 가게

2) 남자가 가게에서 해야 할 일은 무엇입니까?

① 포스터를 붙여야 한다.

② 가게 청소를 해야 한다.

③ 창고에서 물건을 가져와야 한다.

3) 그림을 보고 남자가 잘못한 일에 √ 하세요.

준비 여러분이 원하는 직장의 조건에 대해서 말해 보세요.

☐ 휴가가 길다 ☐ 연봉이 높다 ☐ 동료들이 친절하다

☐ 회사 분위기가 좋다 ☐ 야근이 없다 ☐ ____________

포스터 poster

듣기2 잘 듣고 질문에 답하세요. track 20

1) 남자가 회사를 옮기려고 하는 이유는 무엇입니까?

① 연봉이 너무 낮아서

② 일이 너무 많아서

③ 집에서 너무 멀어서

2) 남자가 원하는 회사는 어떤 회사입니까?

① 연봉이 낮아도 휴가가 긴 회사

② 야근을 해도 연봉이 높은 회사

③ 일이 많아도 집에서 가까운 회사

3) 들은 내용과 맞지 않는 것을 고르세요.

① 남자는 처음에는 회사가 마음에 들었다.

② 남자는 요즘 주말에도 회사에 나갔다.

③ 새로 온 직장 상사 때문에 스트레스를 받고 있다.

말하기 다음에 대해 친구들과 함께 이야기해 보세요.

1. 여러분 나라에 특이한 아르바이트나 직업이 있습니까?
2. 여러분 나라에서 가장 인기 있는 직업은 무엇입니까?
   왜 그 직업이 인기가 많습니까?
3. 여러분 나라에서는 취직을 위해 어떤 준비를 합니까?
4. 만약 여러분이 회사를 만든다면 어떤 회사를 만들고 싶습니까?

읽고 쓰기 Reading and Writing

준비 직장 생활을 할 때 가장 중요한 것은 무엇일까요?

- ☐ 실력
- ☐ 성실한 태도
- ☐ 원만한 대인 관계
- ☐ ____________________

읽기 다음 글을 읽고 질문에 답하세요.

직장인이라면 누구든지 회사에서 꼭 필요한 사람이 되고 싶을 것이다. 그런 사람이 되려면 어떤 노력을 해야 할까? 만약 회사에서 성공하고 싶다면 항상 '친절'과 '독서'를 실천해야 한다.

Ⅰ. 친절한 사람이 성공한다.

회사에는 일을 맡기면 다른 사람보다 빨리 잘 해결하는 사람이 있다. 그 사람은 어려운 일이 생겼을 때도 누군가의 도움을 받아 문제를 쉽게 해결한다. 사람들은 그가 운이 좋다고 말한다. 그런데 왜 그 사람에게는 그런 운 좋은 일이 자주 일어날까? 그것은 그가 평소에 한 작은 친절 때문이다.

복사기가 고장 났을 때 함께 걱정하고 수리 기사를 불러 주거나, 혼자서 많은 서류를 옮겨야 할 때 함께 들어 주는 일, 갑자기 소나기가 내릴 때 우산을 빌려주는 것은 아주 작은 일이다. 하지만 사람들은 이런 작은 친절을 생각보다 오래 기억하며, 그 사람이 어려울 때 도와주게 된다. 그렇기 때문에 친절한 사람이 그렇지 않은 사람보다 성공할 가능성이 훨씬 높은 것이다.

Ⅱ. (__________ ㉠ __________)

한국의 직장인들은 1년에 평균 16권의 책을 읽는다고 한다. 가장 많이 읽는 책의 종류는 경제 경영 서적과 소설이다. 경제 경영 서적을 읽으면…….

1) 이 글의 제목으로 알맞은 것은 무엇입니까?

① 직장에서 성공하는 법

② 운 좋은 사람을 만나는 법

③ 직장에서 어려운 일을 해결하는 법

2) 이 글의 내용과 같은 것을 고르세요.

① 회사에서 어려운 일을 맡으면 대인 관계가 원만해진다.

② 평소에 다른 사람에게 큰 도움을 주면 운이 좋아진다.

③ 친절한 사람은 어려운 일이 생겼을 때 도와주는 사람이 많다.

3) ㉠에 들어갈 말을 써 보세요.

(   )

해결하다 to resolve   서적 books

쓰기 1) 친절한 사람이 성공할 수 있는 이유를 정리해 보세요.

친절	• 도움이 필요한 사람을 도와주면 → ______________________ ______________________

2) 독서하는 사람이 성공할 수 있는 이유는 무엇일까요?

독서	• 경제 경영 서적을 읽으면 → 업무에 필요한 지식을 얻을 수 있다. ______________________
	• 소설을 읽으면 → ______________________ ______________________

3) 직장 생활에서 성공하기 위해 또 무엇이 필요할까요? 위와 같이 정리해 보세요.

( )	

지식 knowledge

4) 위에서 정리한 자기 생각을 자세히 써 보세요.

____________________ **사람이 성공한다.**

과제 Task

취업 박람회에서 상담을 해 보세요.

취업 박람회에 참가할 회사를 만들고, 근무 조건을 정해 보세요. (역할 카드 → p.235)

• 회사 이름 : 한국컴퓨터	
• 업무 : 컴퓨터 프로그램 제작	
• 근무 조건	연봉 : 능력에 따름
	근무 시간 : 월~금 (9:00~18:00)
	승진 기회 : 1년마다 승진 시험
	휴가 :
	?

회사 담당자와 지원자가 되어 상담을 해 보세요.

취업 박람회

날짜 : 5월 1일
장소 : 코엑스몰

[지원자]
- ▶ 어떤 일을 합니까?
- ▶ 어떤 사람이 지원할 수 있습니까?
- ▶ 근무 조건이 어떻게 됩니까?

⋮

친구들에게 취직하고 싶은 회사의 좋은 점과 그 회사에 가고 싶은 이유를 이야기해 보세요.

취업 박람회 job expo/fair　제작 production　능력 ability　지원자 applicant

문화 산책 Culture Note

준비 한국에서 직장 생활을 해 보고 싶습니까? 만약에 한국에서 직장에 다닌다면 어떨 것 같습니까?

알아보기 한국에서는 회사 사람들과 잘 지내기 위해 다음과 같은 일을 합니다.

회사에 특별한 일이 있거나 분위기를 좋게 만들고 싶을 때 회식을 합니다. 대부분 회사에서 회식비가 나오며, 퇴근 후에 함께 식사도 하고 술도 마십니다.

1년에 한두 번 체육 대회, 등산 등을 하면서 가족 같은 분위기를 만들려고 노력합니다.

동료 또는 동료 가족의 결혼식, 장례식 등에 참석합니다. 보통 돈을 모아서 줍니다.

생각 나누기 여러분 나라의 직장 문화에 대해 말해 보세요.

회식 get-together; company lunch/dinner

발음 Pronunciation

준비 들어 보세요. track 21

1) 작년에 결혼했어요.
2) 결혼 준비하면서 집 문제로 여자 친구와 다퉜어요.

규칙 1. 받침소리 [ㄱ, ㄷ, ㅂ]은 'ㄴ, ㅁ' 앞에서 [ㅇ, ㄴ, ㅁ]으로 발음됩니다.
Final consonant sounds [ㄱ, ㄷ, ㅂ] are pronounced as [ㅇ, ㄴ, ㅁ] in front of 'ㄴ' or 'ㅁ'.

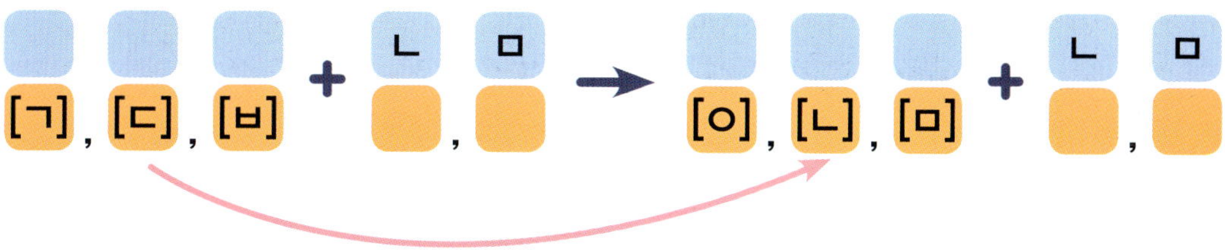

예] 한국말 [한궁말]
재미있는 [재미인는]
앞문 [암문]

책 넣으세요 [챙너으세요]
몇 명 왔어요? [면명와써요]
밥 먹자 [밤먹짜]

연습 발음이 바뀌는 곳에 주의하면서 읽어 보세요 track 22

1) A 지금 뭐 해?
B 음악 듣는데요.

2) A 밥 먹었어?
B 아니, 아직…….

3) A 해외여행은 어려울 것 같아요.
B 그럼 국내 여행이라도 갈까요?

4) A 새해 복 많이 받으세요.
B 감사합니다. 선생님도 새해 복 많이 받으세요.

자기 평가 Self-Check

1. 아는 단어에 √ 하세요.

□ 근무 시간	□ 성실하다	□ 신입 사원	□ 대기업
□ 업무	□ 실력이 있다	□ 동료	□ 연봉이 높다
□ 시급	□ 최선을 다하다	□ 부장	□ 승진 기회가 많다

2. 알맞은 것을 골라 대화를 완성하세요.

-다면, -ㄴ다면/는다면, (이)라면	(이)든(지)	-이/히/리/기/우-

1) A 보고서 작성을 해야 하는데 누가 하면 좋을까요?
   B 김 대리가 잘하니까 김 대리에게 ______________________.

2) A 복권에 당첨되면 뭐 하고 싶어요?
   B ______________________ 세계 여행을 하고 싶어요.

3) A 발표 자료를 이메일로 보냈어요?
   B 네. 보시고 혹시 문제가 있으면 ______________________ 말씀해 주세요.

3. 한국어로 할 수 있는 것에 √ 하세요.

□ 아르바이트 경험을 말할 수 있다.

□ 구직 상담을 할 수 있다.

□ 업무 설명을 듣고 이해할 수 있다.

□ 성공적인 직장 생활에 대한 글을 읽고 쓸 수 있다.

모범 답안

2. 1) 맡기세요 2) 만약에 복권에 당첨된다면 3) 무엇이든지

번 역 Translation

어휘

아르바이트	part-time job
근무 시간	working hours
연령	age
시급	hourly wage
업무	work duties
성별	gender
성실하다	to be sincere
꼼꼼하다	to be detail oriented
경험이 많다	to have a lot of experience
실력이 있다	to have ability
이해가 빠르다	to have a quick understanding
최선을 다하다	to do one's best
보고서 작성을 잘하다	to be good at writing reports
대인 관계가 원만하다	to have smooth/harmonious personal relationships
부장	department head; general manager
과장	section chief; manager
대리	deputy; assistant manager
신입 사원	new employee
직장 상사	workplace superior
동료	coworker
부하 직원	subordinate worker
대기업	big business; conglomerate
중소기업	medium sized business enterprise
연봉이 높다	to have a high yearly salary
승진 기회가 많다	to have many opportunities for advancement/promotion
출퇴근 시간이 자유롭다	to have flexible working hours
휴가가 길다	to have a long vacation

말하기 1

Mariko Jiyeon, why are you so busy these days? It's been a while since we've seen each other's face.

Jiyeon Actually, I've been working at a part-time job for a little while now.

Mariko Part-time job? What have you been doing?

Jiyeon I've been taking care of the child next door. The child's mother works at a company. So when the child comes back home from pre-school, I give the snack and read to the child.

Mariko Isn't it difficult?

Jiyeon There are difficult times. The child does not like to take naps, so when it's time for bed, things are sure difficult.

Mariko But why have you started the job so suddenly?

Jiyeon I want to quickly save money to buy a place. It's because the place where I'm living now is a long term lease.

말하기 2

Mariko Akira, how is company life these days?

Akira I'm busy due to preparing reports but my coworkers are helping, so it's OK.

Mariko I see. I want to try working in Korea as well, but will I be able to find a job?

Akira What sort of work do you want to do?

Mariko If indeed I find work, I want a part-time job I can do while I attend school.

Akira How about trying to do Japanese translation then. By chance, the company where I work is looking for someone to translate documents.

Mariko Really? But could I do that well?

Akira Sure. Mariko, you'll do well because you work sincerely at any given task.

Mariko But what are the work hours?

Akira You can come and go freely. You can work anytime you want.

12 운동을 했더니 몸이 좋아졌어요

I exercised, and my body became better

잘 듣고 이야기해 보세요. track 23

1. 남자에게 어떤 문제가 있습니까?
2. 여자는 남자에게 무엇을 권하고 있습니까?

학 습 목 표

어 휘	• 운동, 몸의 상태 Exercise, body condition
문법과 표현 1	• V–았더니/었더니 • 얼마나 A–(으)ㄴ지/V–는지 모르다
말하기 1	• 운동 권유하기 Recommending exercise
문법과 표현 2	• A–(으)ㄴ 모양이다, V–는 모양이다, N인 모양이다 • A/V–아야/어야, N이어야/여야
말하기 2	• 운동 방법 설명하기 Explaining exercise methods
듣고 말하기	• 건강 상담 프로그램 듣기 Listening to a health counseling program • 스포츠 센터 강사와 회원의 대화 듣기 Listening to a conversation between a sports center instructor and a member • 건강과 운동에 대해 이야기하기 Talking about health and exercise
읽고 쓰기	• 목 운동에 대해 권유하는 글 읽기 Reading a recommendation about neck exercises • 건강을 위한 운동 권유하는 글 쓰기 Writing a recommendation about exercise for health
과 제	• 동작 묘사하기 게임 Describing movements game
문화 산책	• 한국의 등산 문화 Korean hiking culture
발 음	• 비음화2 (음료수) Nasalization 2 (beverage)

어 휘 Vocabulary

1. 그림에 알맞은 표현을 고르고, 자신의 몸 상태에 대해 말해 보세요.

살이
찌다 / 빠지다

힘이
세다 / 약하다

자세가
좋다 / 나쁘다

몸이
무겁다 / 가볍다

2. 다음 동작을 알맞은 말로 표현해 보세요.

(목을) 돌리다	(가슴을) 펴다	(손을 허리에) 대다	(다리를) 벌리다
(옆구리를) 굽히다	(몸을) 젖히다	(팔을) 뻗다	(발뒤꿈치를) 들다

3. 운동을 하고 나면 어떻습니까? 다음 표현을 사용해서 이야기해 보세요.

숨이 차다

땀이 나다

쥐가 나다

지치다

기분이 상쾌하다

기운이 나다

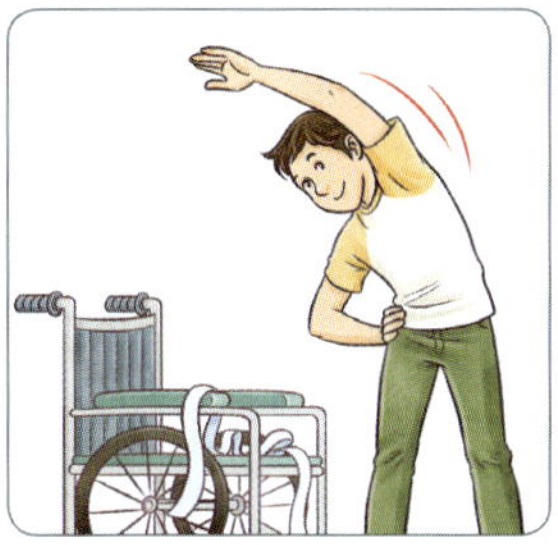

몸이 좋아지다

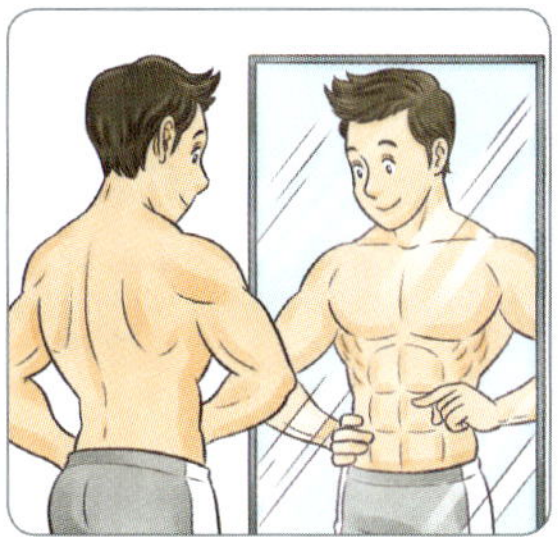

근육이 생기다

문법과 표현 1 Grammar and Expression 1

1. V-았더니/었더니

track 24

A 요즘 운동 많이 하셨나 봐요. 건강해 보여요.

B 네, 매일 운동했더니 몸이 좋아졌어요.

예

- 은행에 **갔더니** 문이 닫혀 있었어요.
- 내가 화를 **냈더니** 동생이 방으로 들어가 버렸다.
- 요즘 운동을 안 **했더니** 몸이 좀 무겁다.
- 머리가 아팠는데 약을 먹**었더니** 좀 나아졌다.

연습 [보기]와 같이 이야기해 보세요.

보 기

1) 건강이 좋아진/나빠진 이유

2) 살이 찐/빠진 이유

3) 한국어 실력이 좋아진/나빠진 이유

4) 자세가 좋아진/나빠진 이유

5) ?

2. 얼마나 A-(으)ㄴ지/V-는지 모르다

track 25

A 요가를 하면 자세가 좋아질까요?

B 그럼요. 요가가 자세 교정에 얼마나 좋은지 몰라요.

예

- 어제 이사해서 몸이 **얼마나** 피곤**한지 몰라요.**
- 김치가 우리 몸에 **얼마나** 좋**은지 몰라요.**
- 스티븐이 유진 씨를 **얼마나** 사랑하**는지 몰라요.**
- 어제 등산 가서 **얼마나** 많이 걸었**는지 몰라요.**

연습 [보기]와 같이 이야기해 보세요.

보 기

무슨 과일을 좋아해요?

저는 블루베리를 매일 먹어요.

블루베리가 그렇게 좋아요?

네. 얼마나 맛있는지 몰라요.
눈에도 얼마나 좋은데요.

1) 좋아하는 것 2) 좋아하는 사람 3) 자주 하는 운동

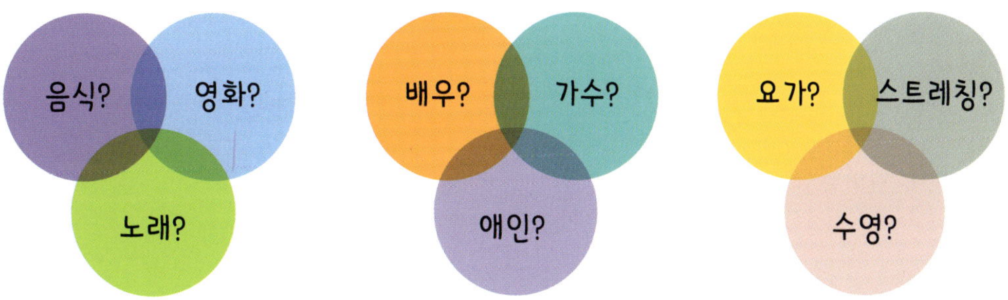

교정 correction 블루베리 blueberry

말하기 1 Speaking 1

track 26

아키라	샤오밍 씨, 요즘 운동 열심히 해요? 아주 건강해 보여요.
샤오밍	그래요? 근육 운동을 계속했더니 몸이 좋아졌어요.
아키라	전 요즘 아침에 일어나면 몸이 무거워요. 가끔 허리도 아프고요.
샤오밍	허리가 아픈 건 자세가 나빠서 그럴 수도 있어요. 스트레칭을 해 보면 어때요?
아키라	스트레칭은 재미가 없어서 꾸준히 하기가 어려워요.
샤오밍	그건 그래요. 걷기 운동은 어때요? 점심 먹고 잠깐 걷기만 해도 얼마나 몸이 가벼워지는지 몰라요.
아키라	저도 항상 생각은 하는데 혼자 운동하기가 좀 힘드네요.
샤오밍	그럼 저랑 같이 스포츠 센터에 다닐래요? 거기 강사가 참 좋아요.

연습1 친구와 연습해 보세요.

1) 근육 운동을 계속하다

몸이 좋다

점심 먹고 잠깐 걷기만 하다

몸이 가벼워지다

2) 꾸준히 운동을 하다

근육도 생기다

출퇴근 시간에 걷다

기분이 상쾌해지다

꾸준히 regularly; consistently

연습2 친구의 몸 상태에 대해 듣고, [보기]와 같이 도움이 되는 운동을 권유해 보세요.

보 기

몸 상태	원인	좋은 운동
기운도 없고 몸도 무겁다.	운동이 부족하다.	가볍게 스트레칭을 한다. 달리기를 한다.

권유하다 to suggest　부족하다 to be insufficient　동작 movement

문법과 표현 2 Grammar and Expression 2

1. A-(으)ㄴ 모양이다, V-는 모양이다, N인 모양이다

track 27

A 근육 운동을 처음 하시는 모양이에요.

B 네, 처음 해 보는데 생각보다 쉽지 않네요.

예

- 민수 씨가 오늘 회사에 안 왔어요. 많이 아픈 **모양이에요.**
- 지연 씨가 전화를 안 받는 걸 보니 잠을 자는 **모양이에요.**
- 어두워지는 걸 보니 곧 소나기가 내릴 **모양이에요.**
- 시험 기간**인 모양이에요.** 도서관에 자리가 없네요.

연습 그림을 보고 [보기]와 같이 이야기해 보세요.

보기

서류가 많은 걸 보니 할 일이 많은 모양이에요.

얼굴 표정을 보니 일이 힘든 모양이에요.

1) 

2) 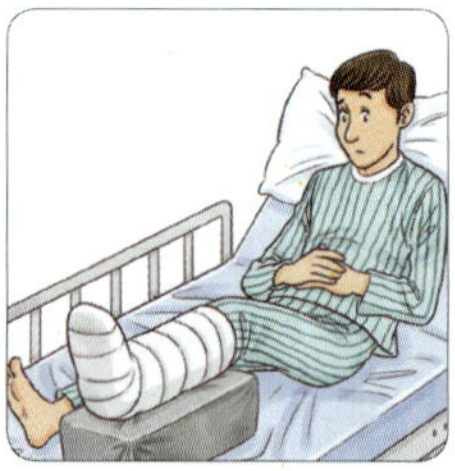

3) 

4) 

5) ?

2. A/V-아야/어야, N이어야/여야

track 28

A 운동을 매일 해야 돼요?

B 네, 꾸준히 해야 건강을 지킬 수 있어요.

예

- 학생증이 있**어야** 도서관에 들어갈 수 있어요.
- '가는 말이 고**와야** 오는 말이 곱다'는 말도 있잖아요.
- 한국어를 할 줄 알**아야** 이 회사에 취직할 수 있어요.
- 초등학생**이어야** 입장료 할인을 받을 수 있어요.

연습 나만 알고 있는 방법에 대해 [보기]와 같이 이야기해 보세요.

보 기

1) 외국어를 잘하는 방법	2) 면접을 잘 보는 방법
3) 건강하게 사는 방법	4) 라면을 맛있게 끓이는 방법
5) 여행 싸게 가는 방법	6) ?

곱다 to be pretty/nice

말하기 2 Speaking 2

track 29

강 사　자세를 보니 이 운동을 처음 하시는 모양이에요.
아키라　네, 근육 운동은 처음 해 봐요.
강 사　그럼 저를 따라해 보세요.
먼저 양손에 덤벨을 들고 무릎을 조금 굽히세요.
그다음에 천천히 팔을 굽혔다가 펴세요.
아키라　이렇게 하면 되나요?
강 사　네, 잘하셨어요. 이때 등과 가슴을 쫙 펴야 운동 효과를 볼 수 있어요.
아키라　알겠습니다. 그런데 계속 몸을 움직였더니 힘드네요.
강 사　며칠 동안은 근육이 뭉치고 아플 거예요.
아키라　그럼 내일은 운동을 하루 쉬는 게 좋겠지요?
강 사　꾸준히 운동하셔야 효과가 있어요. 내일도 꼭 나오세요.

연습1　친구와 연습해 보세요.

1) 근육 운동

양손에 덤벨을 들고 무릎을 조금 굽히다 / 천천히 팔을 굽혔다가 펴다

등과 가슴을 쫙 펴다

꾸준히 운동을 하다 / 효과가 있다

2) 에어로빅

가볍게 뛰면서 오른손으로 왼쪽 무릎을 치다 / 오른손으로 왼발을 치다

다리를 더 높이 들다

매일 운동을 하다 / 살이 빠지다

덤벨 dumb-bell　쫙 펴다 to spread out　근육이 뭉치다 to have muscle cramps　치다 to hit; strike

연습2 운동 방법과 주의 사항에 대해 [보기]와 같이 친구에게 설명해 보세요.

	운동 방법	주의 사항
	똑바로 선다. 오른발을 왼쪽 허벅지에 붙인다. 팔을 위로 뻗는다.	무릎을 더 굽힌다.
	가슴을 펴고 양손을 머리 위로 올린다. 몸을 뒤로 젖힌다. 천천히 똑바로 선다.	동작을 천천히 반복한다.
	준비 운동을 한다. 가슴을 펴고 20분간 가볍게 달린다.	천천히 숨을 쉰다.

보 기

허벅지 thigh 숨을 쉬다 to breathe

듣고 말하기 Listening and Speaking

준비 몸이 무겁거나 기운이 없을 때 무엇을 하면 좋습니까?

듣기1 잘 듣고 질문에 답하세요. track 30

1) 무슨 프로그램입니까?

① 건강 상담 ② 운동 강습 ③ 직업 상담

2) 여자는 어떤 고민이 있습니까?

① 운동을 매우 싫어한다.

② 운동 방법을 잘 모른다.

③ 매일 서서 일을 해서 다리가 아프다.

3) 여자가 다리 건강을 위해서 할 수 있는 일은 무엇입니까?

① 굽이 없는 구두를 신는다.

② 자기 전에 가볍게 스트레칭을 한다.

③ 다리가 아플 때에는 찬 수건으로 마사지를 한다.

준비 운동으로 바꾸고 싶은 부분이 있습니까?

☐ 뱃살을 빼고 싶다.

☐ 복근을 만들고 싶다.

☐ 다리를/허벅지를 날씬하게 만들고 싶다.

☐ ______________________

강습 lesson; training 날씬하다 to be slim

듣기2 잘 듣고 질문에 답하세요. track 31

1) 남자가 말한 내용과 <u>다른</u> 것은 무엇입니까?

① 매일 꾸준히 운동했다.

② 달리기만 했다.

③ 근육 운동을 했다.

2) 들은 내용과 맞는 것을 고르세요.

① 복근을 만드는 데에는 윗몸 일으키기가 가장 좋다.

② 복근 운동을 할 때는 무엇이든지 많이 먹는 게 좋다.

③ 복근을 만들려면 줄넘기나 옆구리 운동도 하는 것이 좋다.

3) 남자가 운동 후 달라진 점이 <u>아닌</u> 것을 고르세요.

① 여자 친구가 생겼다.

② 기분이 상쾌해졌다.

③ 배가 들어갔다.

말하기 다음에 대해 친구들과 함께 이야기해 보세요.

1. 건강을 위해 해 본 운동 중에 가장 효과가 좋은 것은 무엇입니까?
2. 언제 운동을 합니까? 아침, 저녁, 주말 등 시간을 정해 놓고 운동을 합니까?
3. 여러분이 스포츠 센터에 다니는/안 다니는 이유는 무엇입니까?
4. 운동을 할 때 좋은 옷/신발/음식이나 음료수 등을 추천해 주세요.
5. 운동 이외에 건강해지는 방법은 무엇입니까?

윗몸 일으키기 sit-up 줄넘기 jumping rope

읽고 쓰기 Reading and Writing

준비 컴퓨터나 휴대폰을 많이 사용하면 건강에 어떤 문제가 생길까요?

읽기 다음 글을 읽고 질문에 답하세요.

Home About Us Services Order Contacts

건강 안심 센터
www.geongang.oo.kr

여러분의 목 건강은 어떠십니까?

글쓴이 : 건강 안심 센터

여러분, '거북목 증후군'에 대해 들어 본 적이 있습니까? 많은 사람들이 거북처럼 목을 앞으로 길게 빼고 컴퓨터를 봅니다. 이런 자세로 오래 있으면 목뼈의 모양이 변해서 건강에 이상이 생깁니다.

이 병에 걸리면 쉽게 피곤해지고 목과 어깨가 아픕니다. 그리고 두통으로 고생할 수도 있습니다. 그럼 목 건강을 위해서 어떻게 해야 할까요?

가장 좋은 방법은 운동입니다. 맑은 공기를 마시며 걷기 운동을 하면 자세를 교정하는 데에 큰 도움이 됩니다. 자세가 좋아야 건강을 지킬 수 있습니다. 하지만 바쁜 업무 시간에 밖에 나가서 산책하는 일이 쉽지는 않을 겁니다. 그래서 어디서든지 할 수 있는 쉽고 간단한 스트레칭 방법을 알려 드리겠습니다.

먼저 두 손을 허리에 대고 몸을 뒤로 젖힙니다. 그다음에 오른손을 왼쪽 귀에 대고 눌러 줍니다. 반대쪽도 같은 방법으로 하면 됩니다. 마지막으로 고개를 천천히 돌립니다. 시간이 있을 때마다 여러 번 반복하는 것이 중요합니다. 직장인 여러분, 건강을 지키는 일은 어렵지 않습니다. 하루에 5분만 스트레칭을 해도 몸이 좋아지는 것을 느끼실 수 있을 겁니다.

1) 이 병에 걸리는 이유는 무엇입니까?

① 스트레칭을 하지 않아서

② 일을 많이 한 후 쉬지 않아서

③ 나쁜 자세로 컴퓨터를 봐서

2) 이 병을 예방하려면 어떻게 해야 합니까?

① 충분히 쉬고 건강에 좋은 음식을 많이 먹는다.

② 컴퓨터나 휴대폰으로 건강에 대한 정보를 찾는다.

③ 걷기 운동을 하거나 시간이 있을 때마다 스트레칭을 한다.

안심 feeling of relief 거북목 증후군 turtle neck syndrome 거북 turtle 목뼈 neck bones

3) '거북목 증후군' 예방을 위한 스트레칭 방법입니다. 그림을 보고 순서에 맞게 번호를 쓰세요.

( ) → ( ) → ( )

쓰기 생활 속 운동을 권유하는 글을 써 보세요.

1) 건강을 위해 어떤 노력을 하고 있습니까?

- 물을 많이 마신다.
- 채소와 과일을 많이 먹는다.
- 시간이 있을 때마다 스트레칭을 한다.
- ______________________________
- ______________________________

2) 시간이 없을 때 할 수 있는 생활 속 운동에는 어떤 것이 있습니까?

- 교통 신호를 기다리면서 제자리 뛰기를 한다.
- 의자에 앉아서 다리를 가슴 높이까지 들었다가 내린다.
- 텔레비전을 볼 때 옆으로 누워서 한쪽 다리를 올렸다가 내린다.
- ______________________________
- ______________________________

3) 운동을 하면 어떤 점이 좋습니까?

- 스트레스가 풀린다.
- 몸매가 좋아진다.
- 자세를 교정할 수 있다.
- ______________________________
- ______________________________

예방 prevention 제자리 same spot; original place

4) 다음 글을 읽고 답글을 써 보세요.

요즘 바빠서 운동을 못 했더니 건강이 많이 나빠졌어요. 먹는 건 똑같은데 운동을 못 하니까 살도 많이 쪘고요. 또 살이 찌니까 몸이 무겁고 쉽게 지치는 것 같아요. 앞으로도 운동할 시간이 없을 것 같아서 걱정이에요. 좋은 방법이 없을까요?

과제 Task

동작 묘사하기 게임을 해 보세요.

두 팀으로 나눈 후 스트레칭 동작을 설명해 보세요. (자세 그림 → p.236)

두 팀에서 한 사람씩 앞으로 나와 친구들이 설명하는 동작을 해 보세요.

어느 팀이 이겼는지 점수를 매겨 보세요.

문화 산책 Culture Note

준비 다음은 무엇을 할 때 필요한 물건일까요?

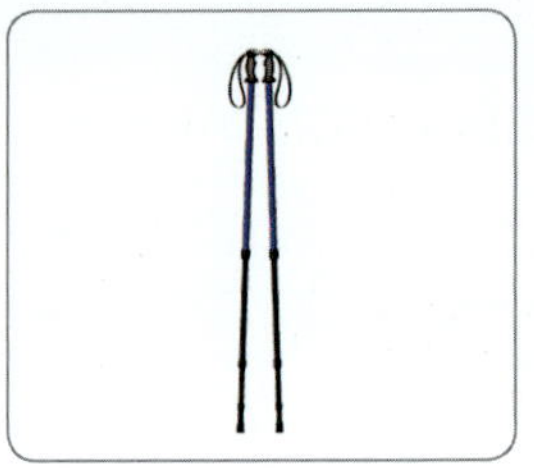

알아보기 한국인이 가장 좋아하는 여가 활동 : 등산

등산은 한국인이 가장 좋아하는 여가 활동입니다. 한국은 나라의 70% 이상이 산입니다. 서울에만 북한산, 관악산 등 40개가 넘는 산이 있고 전국 곳곳에 많은 산이 있습니다. 그래서 비용을 많이 들이지 않고 가까운 곳에서 등산을 즐길 수 있습니다.

주말이나 휴일에 산에 가 보면 아름다운 경치를 즐기면서 시간을 보내는 한국인의 모습을 쉽게 볼 수 있습니다. 등산 동호회도 많고 직장이나 학교에서 함께 등산을 가기도 합니다.

땀을 흘리면서 맑은 공기를 마시면 기분도 상쾌해집니다. 많은 한국인들은 등산을 하면서 생활 속에서 쌓인 스트레스를 풀고 건강도 지키고 있습니다.

생각 나누기 여러분 나라에서는 건강을 위해 주로 무슨 운동을 합니까?

발음 Pronunciation

준비 들어 보세요. track 32

1) 스포츠 센터는 버스 정류장 앞에 있어요.

2) 지쳤을 때 이 음료수를 마시면 기운이 좀 날 거예요.

규칙 1. 'ㄹ'은 받침 'ㅁ, ㅇ' 뒤에서 [ㄴ]으로 발음됩니다.

'ㄹ' is pronounced as [ㄴ] after the final consonants 'ㅁ' or 'ㅇ'.

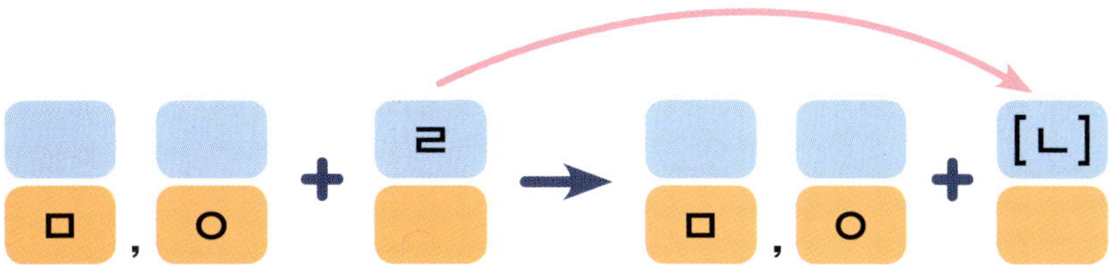

예] 음료수[음뇨수]

정리[정니]

2. 'ㄹ'은 받침 'ㅂ, ㄱ' 뒤에서 [ㄴ]으로 발음됩니다.

그리고 그 [ㄴ] 앞에서 'ㅂ, ㄱ' 은 다시 [ㅁ, ㅇ]으로 변합니다.

'ㄹ' is pronounced as [ㄴ] after the final consonants 'ㅂ' or 'ㄱ'. And 'ㅂ, ㄱ' in front of [ㄴ] are pronounced as [ㅁ, ㅇ] respectively.

예] 수업료: 수업+료[뇨] → [수엄뇨]

대학로: 대학+로[노] → [대항노]

3. 'ㄹ'은 받침 'ㄴ' 뒤에서 [ㄴ]으로 발음되는 경우가 있습니다.

In some cases, 'ㄹ' can be pronounced as [ㄴ] after the final consonant 'ㄴ'.

예] 정신력[정신녁]

의견란[의견난]

연습 'ㄹ'을 [ㄴ]으로 발음해야 되는 곳에 주의하면서 읽어 보세요. track 33

1) A 장 보러 가서 음료수하고 컵라면 안 사 왔어?

B 아, 참! 요즘 기억력이 나빠져서 자꾸 잊어버려.

2) A 독립 기념관에 가려면 어디에서 내려요?

B 다음 정류장에서 내리세요.

3) A 대통령에게 보내는 인터넷 의견란에 무슨 이야기가 많았어요?

B 대학 등록금이 비싸니까 수업료를 깎아 달라는 의견이 많던데요.

자기 평가 Self-Check

1. 아는 단어에 ✓ 하세요.

□ 자세가 좋다	□ 지치다	□ (옆구리를) 굽히다	□ 땀이 나다
□ 힘이 세다	□ (팔을) 뻗다	□ 기운이 나다	□ 숨이 차다
□ 살이 빠지다	□ 쥐가 나다	□ (다리를) 벌리다	□ 근육이 생기다

2. 알맞은 것을 골라 대화를 완성하세요.

–았더니/었더니	얼마나 –(으)ㄴ지, –는지 모르다
–(으)ㄴ 모양이다, –는 모양이다	–아야/어야

1) A 히엔 씨에게 무슨 일 있어요? 요즘 기운이 없어 보이던데…….
   B 남자 친구와 ______________________. 어제도 많이 울던데요.

2) A 아키라 씨, 운동하다가 쥐가 났다고 하던데 괜찮아요?
   B 네, 스트레칭을 ______________________ 금방 괜찮아졌어요.

3) A 요가가 건강에 그렇게 좋아요?
   B 그럼요. ______________________. 한번 해 보세요.

4) A 엄마, 이 약 안 먹으면 안 될까요?
   B 안 돼. ______________________ 나으니까 빨리 먹어.

3. 한국어로 할 수 있는 것에 ✓ 하세요.

□ 몸 상태에 맞게 운동을 권유할 수 있다.
□ 운동 방법을 설명할 수 있다.
□ 운동 방법에 대해 듣고 말할 수 있다.
□ 운동을 권유하는 글을 읽고 쓸 수 있다.

모범 답안

2. 1) 싸운 모양이에요 2) 했더니 3) 요가가 건강에 얼마나 좋은데요 4) 이 약을 먹어야

번 역 Translation

어휘

살이 찌다/빠지다	to gain/lose weight
힘이 세다/약하다	to have strong/weak strength
자세가 좋다/나쁘다	to have good/bad posture
몸이 무겁다/가볍다	to have heavy/light body
(목을) 돌리다	to rotate (the neck)
(가슴을) 펴다	to spread (the chest)
(손을 허리에) 대다	to put (hands on the waist)
(다리를) 벌리다	to spread (the legs)
(옆구리를) 굽히다	to bend (at the side)
(몸을) 젖히다	to bend (the body) backwards
(팔을) 뻗다	to stretch out (the arm)
(발뒤꿈치를) 들다	to lift (the heel)
숨이 차다	to be out of breath
땀이 나다	to sweat
쥐가 나다	to have a cramp
지치다	to be worn out
기분이 상쾌하다	to feel refreshed
기운이 나다	to be energized
몸이 좋아지다	to have an improved physique
근육이 생기다	to have muscle growth

말하기 1

Akira	Xiaoming, it looks like you have been exercising a lot lately. You look healthy.
Xiaoming	Yes. I've been lifting weights consistently, so I'm in much better shape.
Akira	When I wake up, my body feels heavy (sluggish) lately. And my lower back hurts every once in a while.
Xiaoming	Backache could also be due to poor posture. How about stretching a bit?
Akira	Stretching is boring, so doing it regularly is difficult.
Xiaoming	That's true. How about exercise by walking. Even walking for a bit after lunch gives my body such a light feeling.
Akira	I always think about it, but exercising alone is a bit difficult.
Xiaoming	Would you like to go to a sports center with me? The instructor is really good there.

말하기 2

Instructor	Judging from your posture, it looks like this is your first time doing this type of exercise.
Akira	Yes, it's the first time I've done weight lifting.
Instructor	Then, try to do what I do. First, take a dumbbell in each hand and bend your knees slightly, and then bend and stretch your arms slowly.
Akira	I'm doing it like this, is that alright?
Instructor	Yes, that was good. It works better when you stretch out your back and chest.
Akira	Alright. But I'm sore after so much exercise.
Instructor	Your muscles will be tight and ache for a few days.
Akira	Then, I should take tomorrow off from exercise, right?
Instructor	You should exercise diligently in order to feel an effect. Be sure to show up tomorrow as well.

13 지금 입고 있는 양복이 잘 어울려요

The suit you are wearing looks good on you

잘 듣고 이야기해 보세요. track 34

1. 남자는 어디에 가려고 합니까?
2. 남자는 어떤 옷을 입었습니까?

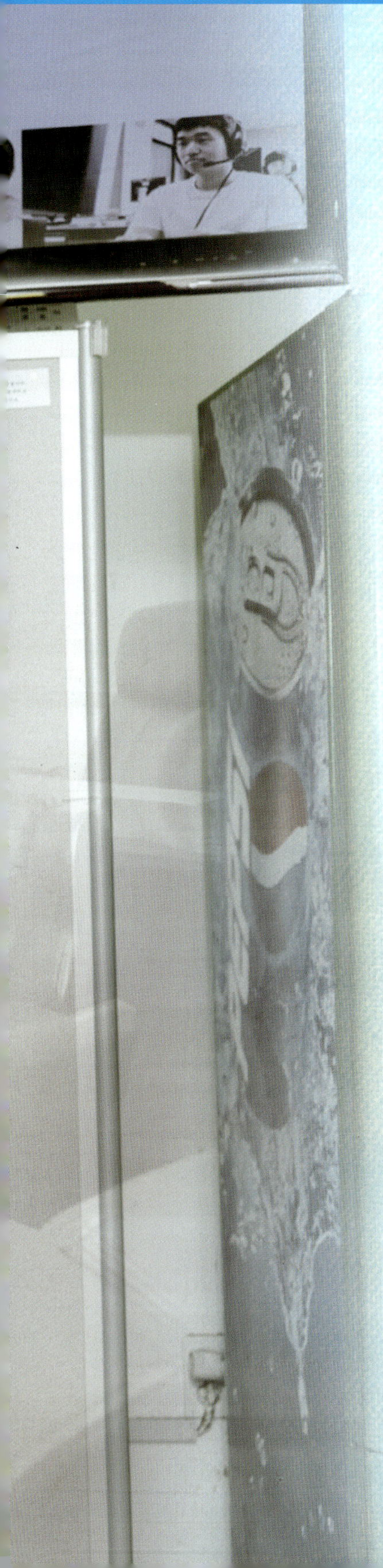

학습목표

어 휘	• 모임과 옷차림 Gatherings and attire
문법과 표현 1	• A/V-(으)ㄹ까 봐 • V-고 있다
말하기 1	• 모임에 맞는 옷차림 의논하기 Inquiring about proper attire for gatherings
문법과 표현 2	• A/V-았어야/었어야 했는데 • V-도록
말하기 2	• 모임 평가하기 Evaluating gatherings
듣고 말하기	• 어울리지 않는 옷차림에 대한 대화 듣기 Listening to conversations about clothing that does not match well • 행사를 평가하는 대화 듣기 Listening to conversations about evaluating events • 모임과 행사에 어울리는 옷차림 이야기하기 Talking about proper attire for gatherings and events
읽고 쓰기	• 행사에 초대하는 글 읽기 Reading invitations to events • 행사 초대장 쓰기 Writing invitations to events
과 제	• 행사 계획하기 Planning events
문화 산책	• 관혼상제 Coming of age, weddings, funerals, ancestral rites
발 음	• 겹받침의 발음 Pronunciation of double consonants

어 휘 Vocabulary

1. 다음 모임에 대해 이야기해 보세요.

집들이

돌잔치

송년회

송별회

동창회

친구 집들이에 다녀왔는데 정말 재미있었어요.

저는 이번 주에 고등학교 동창회가 있어요.

2. 모임을 준비하는 사람이 신경 써야 할 일에 대해 말해 보세요.

(방을) 꾸미다

(상을) 차리다

(선물을) 마련하다

(손님을) 대접하다

(옷을) 차려입다

모임 장소를 멋있게 꾸며야 해요.

3. 다음 표현을 사용해서 모임의 옷차림에 대해 말해 보세요.

(넥타이를) 매다

(반지를) 끼다

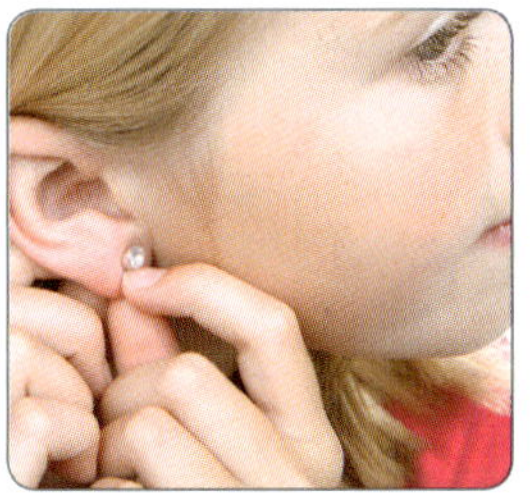

(귀고리를) 하다

(시계를) 차다

(가방을) 들다

(배낭을) 메다

민수 씨가 줄무늬 넥타이를 맸어요.

4. 다음 단어를 사용해서 이야기해 보세요.

충분하다	모자라다	남다	부족하다

피자를 몇 판 주문하면 좋을까요?

콜라는 1리터짜리 한 병이면 될까요?

피자 말고 다른 음식도 준비해야겠지요?

회비는 3,000원씩 내면 될까요?

문법과 표현 1 Grammar and Expression 1

1. A/V-(으)ㄹ까 봐

track 35

A 아키라 씨, 발표 준비 잘돼 가요?

B 준비는 열심히 했는데 실수할까 봐 걱정이에요.

예

- 내일 소풍 가는데 날씨가 나**쁠까 봐** 걱정이에요.
- 비빔밥이 너무 매**울까 봐** 고추장을 조금만 넣었어요.
- 어머니가 걱정하**실까 봐** 미리 전화했어요.
- 음식이 남**을까 봐** 조금만 준비했는데 손님이 많이 와서 큰일이네요.

연습 [보기]와 같이 걱정되는 일에 대해 이야기해 보세요.

보기

1) 가족

2) 친구

3) 공부

4) 생활

5) 직업

2. V-고 있다

track 36

A 아키라 씨가 누구예요?

B 저기 회색 양복에 까만색 가방을
들고 있는 사람이에요.

예

- 지금 입**고 있는** 청바지 아주 편해 보이는데 어디서 샀어요?
- 이 사진에서 교복을 입고 배낭을 메**고 있는** 아이가 바로 나야.
- 흰색 와이셔츠에 빨간색 넥타이를 매**고 있는** 사람이 우리 형이에요.
- 종일 꽉 끼는 원피스에 굽 높은 구두를 신**고 있었더니** 너무 힘들다.

연습 친구들이 입고 있는 옷에 대해서 [보기]와 같이 이야기해 보세요.

보 기

샤오밍 씨는 파란색 체크무늬 셔츠에 청바지를 입고 있어요.

마리코 씨는 노란색 원피스에 하얀색 구두를 신고 있어요.

말하기 1 Speaking 1

track 37

직장 동료	아키라 씨, 민수 씨 결혼식에서 사회를 본다던데 준비는 잘돼 가요?
아키라	민수 씨 부탁이니까 하겠다고는 했는데 실수할까 봐 걱정이에요.
직장 동료	지난번 회의 때 보니까 한국어를 아주 잘하던데요, 뭘. 근데 지금 입고 있는 양복은 처음 보네요. 새로 샀어요?
아키라	네, 좀 차려입고 가야 할 것 같아서 한 벌 마련했어요. 괜찮아요?
직장 동료	멋있어요. 그 양복에 하늘색 넥타이를 매면 아주 잘 어울리겠는데요.
아키라	그래요? 그럼 그날 하늘색 넥타이를 매고 가야겠네요. 또 신경 써야 할 게 있을까요?
직장 동료	양복 색깔에 맞춰서 갈색 구두를 신으면 어때요?
아키라	그럴게요. 이제 옷차림에는 자신이 생겼어요.

연습1 친구와 연습해 보세요.

1) 실수하다

회의 / 한국어를 아주 잘하다

지금 입고 있다

하늘색 넥타이를 매다

2) 잘 못하다

출장 보고 / 한국어가 유창하다

오늘 입고 오다

밝은 회색 와이셔츠를 입다

사회를 보다 to be a speaker/moderator 출장 보고 business trip report 유창하다 to be fluent

연습2 [보기]와 같이 행사나 모임에 입고 갈 옷차림에 대해 이야기해 보세요.

보 기

친구 결혼식 때 뭘 입고 가면 좋을까요?

남자들은 보통 양복을 입어요. 양복에 넥타이 색깔만 잘 맞춰도 멋있던데요. 양복이 무슨 색이에요?

회색 양복을 입고 갈까 하는데…….

회색 양복에는…….

	결혼식	장례식	동창회	송년회
옷	남자 : 양복 여자 :			
머리				
신발				
기타				

문법과 표현 2 Grammar and Expression 2

1. A/V-았어야/었어야 했는데

track 38

A 어제 회식에 올 줄 알았는데 안 보이던데요.

B 제가 꼭 갔어야 했는데 사정이 있었어요.

예

- 꼭 사야 하는 책이 다 팔리고 없다. 미리 **샀어야 했는데**…….
- 어제 보고서를 다 쓰고 퇴근**했어야 했는데**, 죄송합니다.
- 위험한 곳에 간 게 내 실수다. 가지 말**았어야 했는데**…….

연습 하지 못해서 후회되는 일에 대해 [보기]와 같이 이야기해 보세요.

보 기

1) 어렸을 때

2) 고등학교 때

3) 작년

4) ?

후회가 되다 to feel regret

2. V-도록

track 39

A 이번 행사는 아주 중요하니까 잘 준비해 주세요.

B 네, 준비에 문제가 없도록 최선을 다하겠습니다.

예

- 잘 들리**도록** 크게 말씀해 주세요.
- 유리컵을 떨어뜨리지 않**도록** 조심해서 들고 가세요.
- 비행기 시간에 늦지 않**도록** 일찍 출발해야 합니다.

연습 다음과 같이 광고를 만들어 보세요.

행복백화점

- 아이들을 맡기고 편하게 쇼핑하실 수 있도록 어린이 놀이방을 마련했습니다.
- 남편들이 쇼핑하는 아내를 편하게 기다릴 수 있도록 층마다 휴게실을 준비했습니다.
- 혼자 사는 사람들이 쉽게 상을 차릴 수 있도록 즉석조리 식품을 많이 판매합니다.

1) 식당 2) 쇼핑몰 3) 노래방 4) 찜질방 5) ?

말하기 2 Speaking 2

track 40

부장님 김 대리, 회사 송년회 준비하느라고 고생했어요.

김민수 아닙니다. 열심히 하기는 했는데 어떠셨는지 모르겠어요.

부장님 덕분에 즐거운 시간을 보냈어요.
특히 직원들의 가족도 초대한 것이 아주 좋았어요.

김민수 정말 다행이네요. 저는 분위기가 어색할까 봐 걱정했어요.

부장님 그렇지 않았어요. 오히려 가족과 함께해서 더 좋았어요.

김민수 장소나 음식은 어떠셨어요?

부장님 장소도 적당하고 음식도 훌륭했어요.
그런데 아이들이 좋아하는 음식이 모자라서 좀 아쉬웠어요.

김민수 아이들이 많이 올 걸 예상했어야 했는데 죄송합니다.
다음에는 준비에 문제가 없도록 더욱 최선을 다하겠습니다.

연습1 친구와 연습해 보세요.

1) 직원들의 가족도 초대하다

가족과 함께하다

아이들이 좋아하는 음식이 모자라다

아이들이 많이 올 걸 예상하다

2) 부서마다 장기 자랑을 하도록 하다

동료들과 친해질 수 있다

고기를 안 먹는 사람들을 위한 음식이 충분하지 않다

채소로 만든 요리를 더 많이 준비하다

덕분에 thanks to 오히려 rather 부서 department 장기 자랑 talent show

연습2 행사나 모임에 간 경험에 대해 [보기]와 같이 이야기해 보세요.

보 기

모임	좋은 점	아쉬운 점
동창회	장소도 넓고 음식 종류도 많았다.	시끄러워서 대화를 제대로 못 했다.
회식		
생일 파티		
?		

듣고 말하기 Listening and Speaking

준비 옷차림에 신경을 써야 하는 행사에는 무엇이 있을까요?

듣기1 잘 듣고 질문에 답하세요. track 41

1) 여자가 오늘 간 곳을 모두 고르세요.

① 회사 체육 대회

② 고등학교 동창회

③ 친구 결혼식

2) 여자의 옷차림은 어땠습니까?

① 

② 

③ 

3) 다음 중 맞는 것을 고르세요.

① 여자는 옷을 갈아입고 가느라고 결혼식에 늦었다.

② 여자는 회사 행사에 어울리지 않는 옷을 입고 갔다.

③ 여자는 결혼식에서 부케를 받을 줄 몰랐다.

준비 행사나 모임을 준비할 때 가장 신경 쓰는 부분은 무엇입니까?

☐ 장소 ☐ 음식

☐ 활동 ☐ 홍보

☐ ____________________

부케 bouquet

듣기2 잘 듣고 질문에 답하세요. track 42

1) 이 행사가 열린 목적은 무엇입니까?
   ① 한복의 아름다움을 알리기 위해
   ② 한국의 정원을 소개하기 위해
   ③ 외국인에게 한국 음식을 알리기 위해

2) 이번 행사에서 하지 않은 것은 무엇입니까?

①

②

③

3) 들은 내용과 맞는 것은 무엇입니까?
   ① 불고기 만들기가 인기 있었다.
   ② 행사는 서울에 있는 공원에서 열렸다.
   ③ 김치 만들기 체험 활동을 위한 재료가 모자랐다.

말하기 다음에 대해 친구들과 함께 이야기해 보세요.

1. 여러분 나라에 특별한 옷을 입는 날이 있습니까?
   그날 어떤 옷을 입어야 합니까?

2. 모임에 어울리지 않는 옷을 입고 가서 불편한 적이 있습니까?

3. 모임에 초대받았을 때 가져가면 좋은/안 되는 선물이 있습니까?

4. 행사나 모임 중에서 특별히 기억에 남는 것이 있습니까?
   왜 그렇습니까?

읽고 쓰기 Reading and Writing

준비 특별한 행사에 참석해 본 적이 있습니까? 어떤 행사였습니까?

읽기 다음 글을 읽고 질문에 답하세요.

초대의 글

'동물 사랑 바자회'에 여러분을 초대합니다.

저희 '동사모'는 동물을 사랑하는 사람들이 모여서 버려진 동물을 돌보는 일을 합니다. 매년 바자회를 열어서 동물 보호 기금도 마련하고 버려진 동물에게 새 주인을 찾아 주고 있습니다.

경험이 없어 동물을 잘 돌볼 수 없을까 봐 걱정하시는 분들을 위해 여러 가지 도움도 드립니다. 바자회에 오셔서 물건도 싸게 구입하시고 새로운 동물 가족도 만나 보시기 바랍니다.

낮 12시부터 2시까지는 밴드 음악을 들으면서 채식 뷔페를 즐기실 수 있도록 했습니다. 또 동물 사진을 전시해서 구경하면서 바자회를 즐길 수 있도록 했습니다. 3시부터는 '다큐멘터리 : 멸종 위기의 동물'도 상영할 예정입니다. 많은 관심 부탁드립니다. 감사합니다.

- 날짜 : 5월 3일
- 시간 : 오전 11시~오후 5시
- 장소 : 동대문 문화 공원
- 회비 : 10,000원

※ 모아진 돈은 모두 버려진 동물, 멸종 위기 동물을 위해 쓰입니다.
※ 바자회에 오신 모든 분에게 천으로 만든 가방을 드립니다.
※ 동물 가죽이나 모피로 만든 옷을 입으신 분은 입장할 수 없습니다.

1) '동사모'는 어떤 단체입니까?

( )

2) 바자회를 하는 이유가 아닌 것은 무엇입니까?

① 동물 보호 기금을 마련하려고

② 버려진 동물에게 새 가족을 찾아 주려고

③ 멸종 위기 동물 사진을 판매하려고

바자회 bazaar 보호 protection 기금 fund 채식 vegetarian diet 뷔페 buffet 다큐멘터리 documentary 멸종 extinction 위기 crisis 상영하다 to show a film 천 fabric 가죽 leather 모피 fur 단체 organization

3) 이 글의 내용과 같은 것은 무엇입니까?

① 바자회에 갈 때 동물을 데려가야 한다.

② 모피 코트를 입고 가면 바자회에 들어갈 수 없다.

③ 뷔페가 준비되어 있어서 다양한 고기를 먹을 수 있다.

쓰기

행사나 모임에 초대하는 글을 써 보세요.

1) 어떤 행사를 할 때 초대장을 보냅니까?

- [ ] 결혼식
- [ ] 전시회
- [ ] 개업식
- [ ] ______________________

2) 초대장에 꼭 써야 하는 내용은 무엇입니까?

- [ ] 행사 장소
- [ ] 행사 일시
- [ ] 행사 내용
- [ ] ______________________

3) 특별한 행사에 친구들을 초대하려고 합니다. 어떤 행사를 만들고 싶은지, 무엇을 하고 싶은지 써 보세요.

4) 위에서 정리한 내용으로 초대 글을 써 보세요.

과제 Task

행사를 계획해 보세요.

반 친구들과 함께 하고 싶은 행사나 모임에 대해 이야기해 보세요.

> 우리 유학생 모임을 알릴 수 있는 좋은 방법이 없을까?

> 세계 문화의 밤 행사나 바자회를 열어서 모임을 홍보하면 어때?

행사나 모임 계획을 세워 보세요.

1. 무슨 행사/모임을 할까요?
2. 언제 할까요?
3. 어디에서 할까요?
4. 행사/모임에서 뭘 할까요?
5. 어떤 옷차림을 하고 갈까요?
   □ 평상복 □ 드레스 □ 전통 옷 □ ?
6. 무엇을 준비할까요?
   □ 음식 □ 음악 □ 음료수 □ ?
7. 어떻게 준비할까요?
   □ 음식 : ______________________
   □ ______ : ______________________
   □ ______ : ______________________
8. 회비는 얼마가 좋을까요?

계획한 행사나 모임을 홍보해 보세요.

반 친구들과 실제로 행사나 모임을 해 보세요.

문화 산책 Culture Note

준비 사람들이 살면서 하게 되는 의식에는 어떤 것이 있습니까?

☐ 결혼식　☐ 성인식　☐ 장례식　☐ 제사　☐ ____________

알아보기 한국의 관혼상제

	관례	어른이 되는 것을 축하하는 행사로 요즘에는 '성년의 날'에 장미꽃과 향수를 선물하기도 합니다.
	혼례	옛날부터 한국 사람들은 결혼식을 '혼례'라고 부르며 큰 잔치를 했습니다. 하지만 요즘에는 전통 결혼식을 하는 사람보다 서양식 결혼식을 하는 사람이 많습니다.
	상례	부모님이 돌아가셨을 때 검은 옷을 입고 조문객을 맞는 것을 '장례'라고 합니다. 요즘에는 주로 병원에서 장례식을 합니다.
	제례	옛날부터 한국 사람들은 돌아가신 조상을 위해 제사를 지냈습니다. 요즘에는 옛날과 다른 방법으로 제사를 지내거나 지내지 않는 사람들도 있습니다.

생각 나누기 여러분 나라의 '관혼상제'를 소개해 보세요.

의식 ceremony

발음 Pronunciation

준비 들어 보세요. track 43

1) 장소가 넓습니다.
2) 잔디를 밟지 마세요.

규칙 1. 받침 'ㄼ' 뒤에 자음이 오면 'ㄹ'만 발음됩니다.
When the final consonant 'ㄼ' is followed by a consonant, only the 'ㄹ' is pronounced.

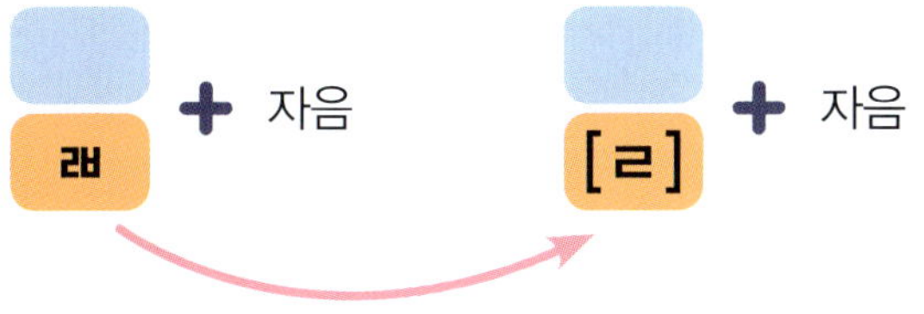

예] 넓습니다[널씁니다] 넓지[널찌] 넓고[널꼬]
짧습니다[짤씁니다] 짧지[짤찌] 짧고[짤꼬]

2. '밟다'의 경우는 받침 'ㄼ' 뒤에 자음이 오면 'ㅂ'만 발음됩니다.
In case of '밟다', when the final consonant 'ㄼ' is followed by a consonant, only the 'ㅂ' is pronounced.

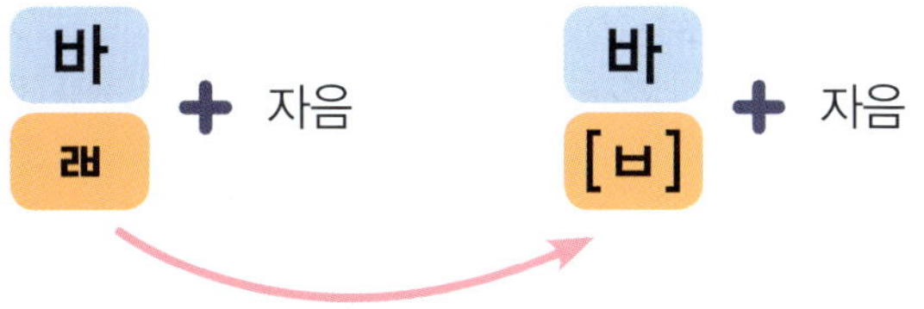

예] 밟습니다[밥씁니다] 밟지[밥찌] 밟고[밥꼬]

연습 겹받침에 주의해서 읽어 보세요. track 44

1) A 어떤 집이 좋아요?
B 넓고 밝은 집요.
2) 소매가 좀 짧지만 괜찮아요.
3) 지하철에서 다른 사람의 발을 밟지 않도록 주의하세요.
4) 금방 청소했으니까 더러운 신발로 밟고 가면 안 됩니다.

자기 평가 Self-Check

1. 아는 단어에 ✓ 하세요.

☐ 집들이	☐ 꾸미다	☐ (배낭을) 메다	☐ 부족하다
☐ 송년회	☐ 마련하다	☐ (넥타이를) 매다	☐ 모자라다
☐ 동창회	☐ 대접하다	☐ (반지를) 끼다	☐ 충분하다
☐ (옷을) 차려입다	☐ (시계를) 차다	☐ (귀고리를) 하다	☐ 남다

2. 알맞은 것을 골라 대화를 완성하세요.

–고 있다	–(으)ㄹ까 봐
–았어야/었어야 하는데[했는데]	–도록

1) A 민수 씨가 누구예요?
   B 저기 회색 양복을 ______________________ 사람이에요.

2) A 왜 이렇게 일찍 일어났어요?
   B 비행기 시간에 ______________________ 걱정돼서요.

3) A 요즘 지각을 너무 자주 해서 걱정이에요.
   B 저도 그래요. 오늘도 일찍 ______________________ 늦잠을 잤어요.

4) A 아기가 ______________________ 조용히 해 주세요.
   B 네, 알겠습니다. 조심할게요.

3. 한국어로 할 수 있는 것에 ✓ 하세요.

☐ 모임에 맞는 옷차림에 대해 의논할 수 있다.

☐ 행사나 모임에 대해 평가할 수 있다.

☐ 행사에 대한 뉴스를 듣고 이해할 수 있다.

☐ 초대 글을 읽고 쓸 수 있다.

모범 답안

2. 1) 입고 있는 2) 늦을까 봐 3) 일어났어야 했는데 4) 깨지 않도록

번 역 Translation

어휘

집들이	house warming party
돌잔치	baby's first birthday party
송년회	year-end party
송별회	farewell party
동창회	alumni reunion
(방을) 꾸미다	to decorate (a room)
(상을) 차리다	to set (a table)
(선물을) 마련하다	to prepare (a present)
(손님을) 대접하다	to treat (a guest)
(옷을) 차려입다	to be well dressed
(넥타이를) 매다	to wear/fasten (a necktie)
(반지를) 끼다	to slip/put on (a ring)
(귀고리를) 하다	to wear (earrings)
(시계를) 차다	to wear (a watch)
(가방을) 들다	to carry (a bag)
(배낭을) 메다	to put/strap on (a backpack)
충분하다	to be sufficient
모자라다	to be short on; not enough
남다	to be leftover
부족하다	to be lacking

말하기 1

Coworker	Akira, they say you'll speak at Minsu's wedding ceremony. Are your preparations coming along well?
Akira	Minsu asked me, so I had to say I would, but I'm worried about making a mistake.
Coworker	I saw you speak at the last meeting, you speak Korean very well. However, this is the first time I've seen the suit you are wearing now. Did you buy it recently?
Akira	Yes, I'll have to dress-up, so I got this suit. Is it OK?
Coworker	Yes, it's stylish. If you were to wear a light blue necktie, that would go well with it.
Akira	Is that so? Then I'll have to wear a light blue tie when I go on that day. Are there other things I should also consider?
Coworker	Why don't you wear brown shoes to match the color of your suit.
Akira	I will. I feel confident about the outfit now.

말하기 2

Bujangnim(the manager of department)
Manager Kim, you worked hard preparing the company's year-end party.

Kim Minsu Don't mention it. I did work diligently but I wasn't sure what other people thought.

Bujangnim We had a really good time all because of you.
It was especially good that you also invited the employees' families.

Kim Minsu That's really fortunate. I was worried that the atmosphere would be awkward.

Bujangnim It wasn't. Instead, we even had a better time because our families attended with us.

Kim Minsu How was the location and food?

Bujangnim The location was appropriate and the food was quite wonderful.
But it was a bit regrettable that there was not much food that children could enjoy.

Kim Minsu My apologies. I should have anticipated that many children would come.
Next time I'll do my best to insure that there are no problems with the preparations.

14 나이가 들면 들수록 고향이 그리워져요

The older I get, the more I miss my hometown

잘 듣고 이야기해 보세요. track 45

1. 남자는 퇴직 후에 어떻게 살고 있습니까?
2. 시골에서 살려면 어떤 준비가 필요합니까?

학습목표

어 휘	• 도시와 시골 City and countryside
문법과 표현 1	• 하도 A/V-아서/어서 • A/V-았던/었던
말하기 1	• 변화상 묘사하기 Describing changes
문법과 표현 2	• A-아/어하다 • A/V-(으)면 A/V-(으)ㄹ수록
말하기 2	• 도시와 시골 생활 비교하기 Comparing city and country life
듣고 말하기	• 도시에서 농사짓는 이야기 듣기 Listening to stories of farming in the city • 전시회 관람 소감 듣기 Listening to impressions about an exhibition • 과거와 미래에 대해 이야기하기 Talking about pasts and futures
읽고 쓰기	• 속담 이야기 읽기 Reading stories about proverbs • 미래 상상해서 글 쓰기 Writing about imagined futures
과 제	• 살기 좋은 곳 설계하기 Designing good places to live
문화 산책	• 한국의 절기 Korean solar terms
발 음	• 유음화 Liquidization

어 휘 Vocabulary

1. 도시 생활과 시골 생활에 대해 [보기]와 같이 이야기해 보세요.

여유가 있다	여유가 없다
활기차다	평화롭다
공기가 맑다	공해가 심하다
따분하다	시간 가는 줄 모르다
편의 시설이 잘되어 있다	불편하다

보 기

2. 알맞은 표현을 골라 [보기]와 같이 이야기해 보세요.

정원

잔디

채소

농사

가축

물고기

가꾸다	깎다	심다
짓다	키우다	잡다

보 기

3. 변화에 대해 [보기]와 같이 이야기해 보세요

사라지다	생기다	변하다
몰라보다	상상이 되다	상상이 안되다

보 기

문법과 표현 1 Grammar and Expression 1

1. 하도 A/V-아서/어서

track 46

A 여기가 청계천이에요.

B 여기가 청계천이라고요?

하도 많이 변해서 몰랐어요.

예

- 아이가 **하도** 귀여**워서** 눈을 뗄 수가 없네요.
- 어젯밤에 **하도** 울**어서** 눈이 퉁퉁 부었어요.
- 그 사람은 책을 **하도** 많이 읽**어서** 모르는 게 없어요.

연습 [보기]와 같이 이야기해 보세요.

보 기

1) 물건값이…

2) 남자/여자 친구가…

3) 김치가…

4) 한국어가…

5) ?

눈을 뗄 수가 없다 to not be able to take one's eyes off   퉁퉁 swollen; full

2. A/V-았던/었던

track 47

A 옛날에 엄마하고 처음 만났던 곳이
이 근처라고 하셨지요?

B 이 근처였는데 하도 변해서 어디가
어디인지 모르겠어.

예

- 어렸을 때 친**했던** 친구와 다시 연락하게 됐어요.
- 한국에 올 때 비행기에서 만**났던** 사람과 아직도 연락하고 있어요.
- 날씨가 더워서 아침에 입고 **왔던** 스웨터를 벗었어요.
- 졸업 여행 갔을 때 찍**었던** 사진을 보니까 옛날 생각이 많이 나요.

연습 추억이 담긴 사진에 대해 [보기]와 같이 설명해 보세요.

보 기

여기는 제가 작년 겨울에
가족들과 여행 갔던 바다입니다.
...

1) 

2) 

3) 

4) 

5) 

6) ?

어디가 어디인지 where is where

말하기 1 Speaking 1

track 48

줄리앙	아버지, 여기가 전에 말씀드렸던 청계천이에요.
아버지	여기가 청계천이라고? 하도 많이 변해서 어디가 어딘지 모르겠다.
줄리앙	그렇게 많이 달라졌어요?
아버지	예전에 여긴 자동차가 다니던 도로였어.
줄리앙	여기가 도로였다고요? 저는 상상이 잘 안돼요. 근데 어머니하고 처음 만났던 곳이 이 근처라고 하셨지요?
아버지	응, 그땐 이 주변이 다 서점이었는데 가게들이 사라져서 못 찾겠다.
줄리앙	저기 들어가서 좀 물어보고 올까요?
아버지	그게 좋겠다. 서울은 올 때마다 정말 몰라보게 달라지는구나.

연습1 친구와 연습해 보세요.

1) 청계천

자동차가 다니던 도로

어머니하고 처음 만나다

서점 / 가게들이 사라지다

2) 강남역

농사를 짓던 논과 밭

아버지가 처음 일하시다

논밭 / 높은 건물들이 많이 생기다

논 rice paddy 밭 field; farm

연습2 사진을 보고 어떻게 변했는지 이야기해 보세요.

여기가 청계천이에요.

여기가 청계천이라고요? 하도 많이
변해서 청계천인 줄 몰랐어요.
전에는 자동차가 다니던 도로였는데……

여기가 자동차가 다녔던 곳이라고요?
저는 상상이 잘 안돼요.

	현재	과거
청계천		
동창		
동대문		
?		

문법과 표현 2 Grammar and Expression 2

1. A-아/어하다

track 49

A 아버지가 외국 생활을 좋아하세요?

B 아니요, 항상 고향을 그리워하세요.

예

- 조카가 심심**해해서** 함께 놀아 줬어요.
- 대학원 수업이 어려워서 줄리앙 씨가 힘들**어해요**.
- 여자 친구가 추**워해서** 제 코트를 벗어 줬어요.
- 마리코 씨가 김치를 담그고 싶**어 해서** 같이 만들었어요.

연습 이 사람이 누구인지 알아맞혀 보세요.

1) 다음 단어들을 사용해서 메모지에 자신에 대해 써 보세요.

심심하다	좋다	싫다
쉽다	어렵다	속상하다
밉다	아프다	기쁘다
힘들다	즐겁다	외롭다
무섭다	미안하다	답답하다
피곤하다	행복하다	-고 싶다
	⋮	

보 기

- 저는 한국 음식 중에서 불고기가 제일 좋아요.
- 한국 노래를 좋아하지만 노래방에 가는 건 싫어요.
- 한국어가 재미있지만 발음이 어려워요.
- 고양이는 예쁜데 개는 무서워요.

2) 메모지 중 하나를 골라 친구들에게 내용을 설명해 보세요.

이 사람은 불고기를 좋아해요. 한국 노래를 좋아하지만 노래방에 가는 것은 싫어해요. 한국어를 재미있어하지만 발음을 어려워해요. 고양이는 예뻐하지만 개는 무서워해요.

혹시 줄리앙 씨 아니에요?

2. A/V-(으)면 A/V-(으)ㄹ수록

track 50

A 한국어 공부가 어때?

B 배우면 배울수록 쉽지 않은 것 같아요.

예

- **바쁘면** 바**쁠수록** 더 조심해서 운전하세요.
- 아기가 보**면 볼수록** 귀엽네요.
- 벼는 익**으면** 익**을수록** 고개를 숙인다.

연습 [보기]와 같이 친구들과 이야기해 보세요.

보 기

1) 먹으면 먹을수록 맛있는 음식이 있어요?

2) 만나면 만날수록 좋은 사람은 누구입니까?

3) 많으면 많을수록 더 좋은 것은 무엇입니까?

4) 하면 할수록 더 재미있는 일이 있어요?

5) 하면 할수록 어렵다고 생각하는 일은 무엇입니까?

6) ?

벼 rice plant (in a field) 익다 to ripen; mature

말하기 2 Speaking 2

track 51

줄리앙	여기가 아버지가 늘 그리워하시던 고향 집이군요.
아버지	그래, 고등학교 때까지 할아버지와 살았던 집이야.
줄리앙	할아버지는 농사를 지으셨어요?
아버지	응, 벼농사도 짓고 소도 키우셨지.
줄리앙	이곳은 정말 조용하고 평화롭네요. 시간도 천천히 가는 것 같고요.
아버지	시골이 도시보다는 여유가 있지.
줄리앙	하지만 전 활기찬 도시가 좋아요. 시골 생활은 좀 따분하지 않아요?
아버지	글쎄, 어렸을 땐 물고기도 잡고 수영도 하면서 시간 가는 줄 몰랐어.
줄리앙	그래도 편의 시설이 별로 없어서 많이 불편할 거예요.
아버지	도시 생활이 편하긴 하지만 나이가 들면 들수록 고향이 그리워져.

연습1 친구와 연습해 보세요.

1) 그리워하시다
벼농사도 짓고 소도 키우다
물고기도 잡고 수영도 하다
나이가 들다

2) 오고 싶어 하시다
과수원도 하고 닭도 키우다
썰매도 타고 연도 날리다
나이를 먹다

나이가 들다 to get older 과수원 orchard 썰매 sled 연을 날리다 to fly a kite 나이를 먹다 to grow old

연습2 도시 생활과 시골 생활을 비교해서 [보기]와 같이 이야기해 보세요.

보 기

	도시	시골
환경	교통이 편리하다.	공기가 맑다.
교육		
생활비		
놀이/ 문화생활		
기타		

듣고 말하기 Listening and Speaking

준비 농사를 지어 본 적이 있습니까? 어디에서 농사를 지을 수 있습니까?

듣기1 잘 듣고 질문에 답하세요. track 52

1) 여자는 주말에 무엇을 합니까?

① 채소를 키우러 시골에 내려간다.

② 집 근처 주말농장에서 농사를 짓는다.

③ 조용한 시골에 내려가서 스트레스를 푼다.

2) 주말농장에 대한 것으로 맞는 것을 <u>모두</u> 고르세요.

① 주말농장에서 직접 채소를 키운다.

② 꽃과 나무를 좋아하는 사람들이 모여서 정원을 가꾼다.

③ 농사를 처음 지어 보는 사람들이 농사짓는 방법을 배운다.

3) 주말농장에 참여하면서 여자가 느낀 점은 무엇입니까?

① 은퇴 후에 꼭 시골에 내려가서 살 것이다.

② 농사짓는 일은 배우면 배울수록 어렵다.

③ 농사짓는 일이 힘들어서 스트레스가 쌓인다.

준비 어렸을 때 자주 했던 놀이는 무엇입니까?

팽이치기

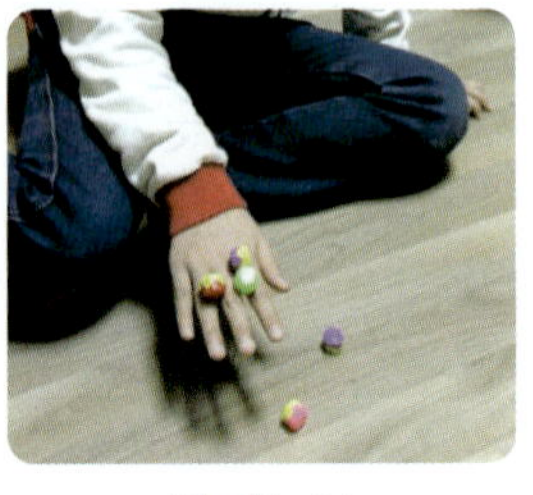

공기놀이

?

주말농장 weekend farm 팽이치기 top spinning game 공기놀이 a Korean variant of Jacks

듣기2 잘 듣고 질문에 답하세요. track 53

1) 전시회 제목으로 알맞은 것을 고르세요.
   ① 사진으로 배우는 전통 놀이
   ② 사진으로 보는 서울의 과거
   ③ 사진으로 보는 서울의 미래

2) 전시회장에서 할 수 있는 일을 모두 고르세요.
   ① 서울 모습을 사진으로 볼 수 있다.
   ② 사람들이 좋아했던 음식을 먹어 볼 수 있다.
   ③ 부모님들이 어렸을 때 했던 놀이를 직접 해 볼 수 있다.

3) 들은 내용과 맞는 것을 고르세요.
   ① 이 전시회는 4월 한 달 동안 계속된다.
   ② 이 전시회는 가족 모두가 즐길 수 있다.
   ③ 이 전시회에서는 시골 체험을 할 수 있다.

말하기 다음에 대해 친구들과 함께 이야기해 보세요.

1. 도시에서 농사를 짓는 경우를 알고 있습니까?
   어떻게 하는지 소개해 보세요.
2. 여러분 나라(고향)에서 아이들이 많이 하는 놀이는 무엇입니까?
3. 여러분 나라(고향)의 과거와 현재에 대해서 이야기해 보세요.
   무엇이 어떻게 달라졌습니까?
4. 여러분은 은퇴 후에 어디에서 살고 싶습니까?
   왜 그곳에서 살고 싶습니까?

읽고 쓰기 Reading and Writing

준비 어떤 일을 하다가 시간 가는 줄 몰랐던 적이 있습니까?

읽기 다음 글을 읽고 질문에 답하세요.

도낏자루 썩는 줄 모른다

옛날에 어떤 나무꾼이 나무를 하러 산에 갔다가 동굴을 발견했다. (㉮) 그 동굴은 입구는 작고 어두웠지만 들어가면 들어갈수록 점점 넓어지고 밝아졌다.

그리고 동굴 안에서 수염이 긴 노인들이 바둑을 두고 있었다. 나무꾼은 바둑이 하도 재미있어서 시간 가는 줄 모르고 구경을 했다.

얼마 후 나무꾼은 집에 돌아가려고 도끼를 들다가 깜짝 놀랐다. (㉯) 그는 이상해하면서 자루가 없는 도끼를 들고 산을 내려왔다.

마을에 도착해 보니 집들이 완전히 변해 있었고 아는 사람도 전혀 없었다. (㉰) 나무꾼의 집도 낡은 집이 되었고, 며칠 전에 심었던 나무가 크게 자라서 지붕을 덮고 있었다.

나무꾼은 지나가는 사람에게 자기 이름을 말하면서 그 사람을 아느냐고 물어보았다. 그 사람은 "그분은 제 아버지의 할아버지신데 나무하러 산에 갔다가 못 돌아오셨다고 들었습니다" 하고 대답했다. 나무꾼이 봤던 노인들은 신선들이었다. 신선들의 바둑을 잠깐 구경하는 동안에 100년의 시간이 지난 것이다.

1) 다음 문장이 들어가야 할 곳은 어디입니까?

도낏자루가 다 썩어서 없어졌기 때문이다.

① ㉮　　② ㉯　　③ ㉰

2) 이 글의 내용과 맞는 것은 무엇입니까?

① 나무꾼은 신선들이 사는 세계에 갔다 왔다.

② 나무꾼은 동굴 안에서 신선들과 바둑을 두었다.

③ 나무꾼은 산속에서 길을 잃어서 다른 마을로 갔다.

도낏자루 shaft of ax/hatchet　썩다 to rot　나무꾼 woodcutter　나무를 하다 to cut wood　동굴 cave　바둑을 두다 to play go　낡다 to be old/worn

3) 순서에 맞게 번호를 쓰고 이야기해 보세요.

( )

( )

( )

( )

( )

4) 다음 중 '도낏자루 썩는 줄 모르는' 사람은 누구일까요?

① 처음 보는 것은 무엇이든지 신기해하며 꼭 해 보는 친구

② 일이 너무 많아서 밤새도록 했지만 아직 다 못 한 직장 동료

③ 컴퓨터 게임을 너무 좋아해서 시험 전날에도 게임만 하는 동생

쓰기

다음을 상상해서 써 보세요.

1) 만약 우주로 여행을 간다면…….

만약 우주로 여행을 간다면 무엇을 타고, 누구와 함께, 무엇을 가지고 가고 싶습니까?

2) 우주에서 무엇을 하고 싶습니까?

3) 일주일 후에 지구에 돌아와 보니 고향이 몰라보게 달라져 있습니다. 어떻게 변했을지 상상해 보세요.

집과 동네

가족과 이웃들

물건들

4) 위의 내용을 바탕으로 재미있는 이야기를 상상해서 써 보세요.

과제 Task

지금 살고 있는 동네, 학교를 더 좋은 곳으로 바꾸어 보세요.

지금 살고 있는 곳을 그려 보고, 불편한 점에 대해 말해 보세요.

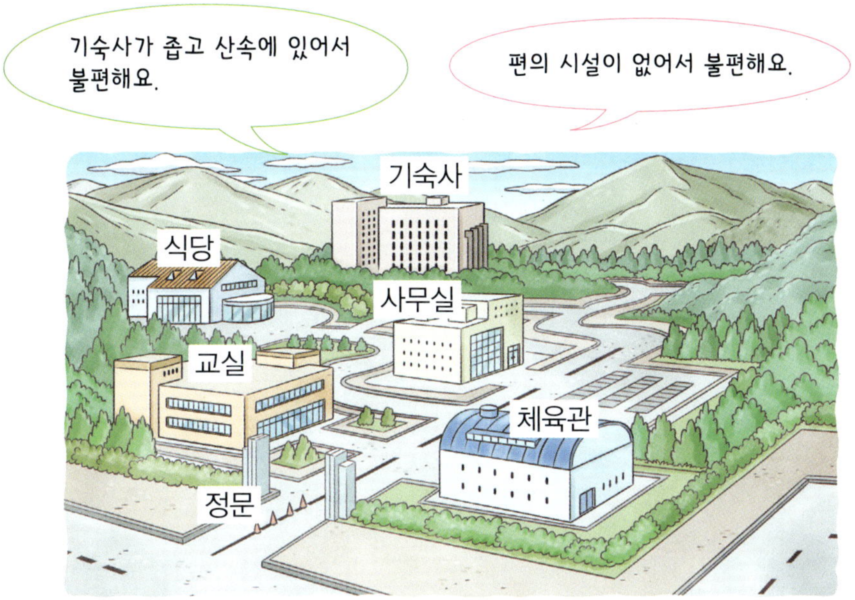

어떻게 바꾸면 좋을지 이야기해 보세요.

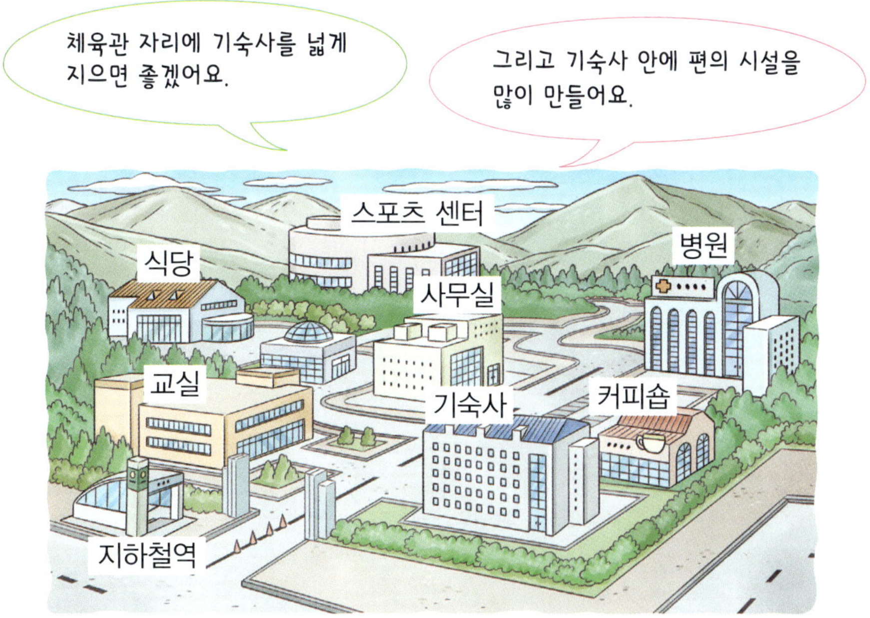

이야기한 내용을 발표해 보세요.

문화 산책 Culture Note

준비 여러분 나라에서는 농사짓을 시기를 어떻게 정합니까?

알아보기 다음은 한국의 절기입니다. 한국은 절기에 따라 농사를 짓고 생활을 했습니다.

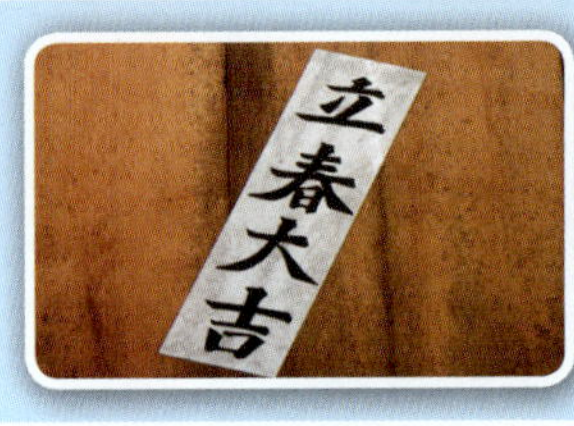

입춘

봄이 시작되는 날, 2월 4일쯤.
한 해의 운이 좋기를 바라며 문에 '입춘대길'이라고 써서 붙입니다.

하지

1년 중 낮이 가장 긴 날, 6월 21일쯤.
옛날에는 '하지'가 지나도록 비가 오지 않으면 비가 오게 해 달라고 '기우제'를 지냈습니다.

추분

밤과 낮의 길이가 같은 날, 9월 24일쯤.
농사지은 곡식들을 추수합니다.

동지

1년 중 낮이 가장 짧고 밤이 가장 긴 날,
12월 22~23일쯤.
나쁜 운을 막기 위해서 팥죽을 먹습니다.

생각 나누기 여러분 나라에도 한국의 절기와 같은 것이 있습니까?

별자리

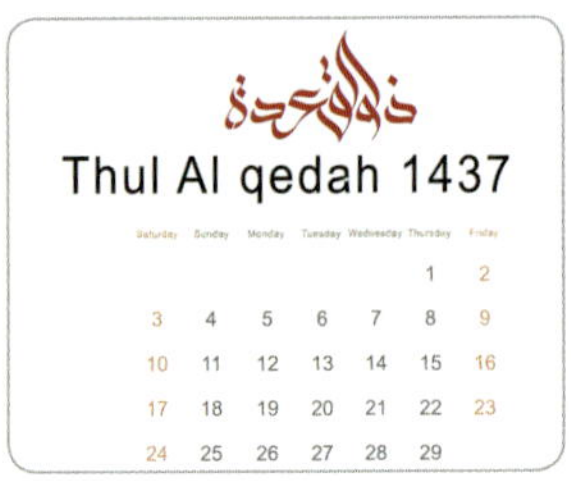

이슬람력

?

기우제 rain ritual　추수하다 to harvest　팥죽 red-bean porridge

발음 Pronunciation

준비 들어 보세요. track 54

1) 교통이 편리해요.
2) 아이가 혼자서 잘 놀아요.

규칙 1. 받침 'ㄴ'은 대부분의 경우 'ㄹ' 앞에서 [ㄹ]로 발음됩니다.
Most of the time, the final consonant 'ㄴ' is pronounced as [ㄹ] in front of 'ㄹ'.

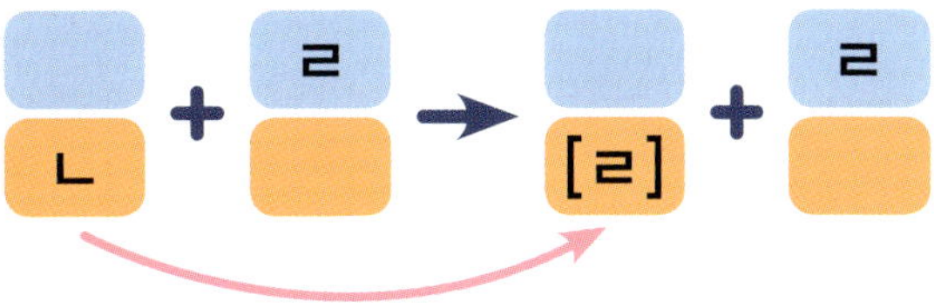

예] 한라산[할라산]　　편리하다[펼리하다]　　연락처[열락처]

2. 'ㄴ'은 받침 'ㄹ' 뒤에서 [ㄹ]로 발음됩니다.
'ㄴ' is pronounced as [ㄹ] after the final consonant 'ㄹ'.

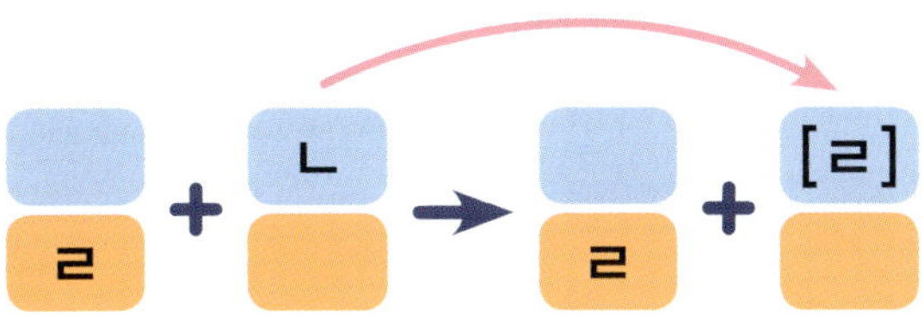

예] 실내[실래]　　끓는 물[끌른물]　　일 년[일련]

연습 'ㄴ'을 [ㄹ]로 발음해야 되는 곳에 주의하면서 읽어 보세요. track 55

1) 설날에 고향에 다녀왔어요?
2) 잃는 게 있어야 얻는 것도 있지요.
3) 연락처 좀 적어 주세요.
4) 지하철이 버스보다 편리해요.
5) 이 사진 잘 나왔네.

자기 평가 Self-Check

1. 아는 단어에 ✓ 하세요.

☐ 활기차다	☐ 평화롭다	☐ 채소를 심다	☐ 상상이 안되다
☐ 따분하다	☐ 정원을 가꾸다	☐ 물고기를 잡다	☐ 변하다
☐ 편의 시설	☐ 잔디를 깎다	☐ 농사를 짓다	☐ 몰라보다

2. 알맞은 것을 골라 대화를 완성하세요.

하도 –아서/어서	–았던/었던
–아/어하다	–(으)면 –(으)ㄹ수록

1) A 언제 찍은 사진이에요?
   B 작년에 설악산에 갔을 때 ______________________ 사진이에요.

2) A 같은 영화를 세 번이나 봤어요?
   B 네, ______________________서 여러 번 봤어요.

3) A 한국어를 배운 지 오래되었으니까 이제 공부하기가 쉽죠?
   B 외국어 공부는 ______________________ 더 어려운 것 같아요.

4) A 왜 아이에게 옷을 많이 입혔어요?
   B 아이가 ______________________서요.

3. 한국어로 할 수 있는 것에 ✓ 하세요.

☐ 지역의 변화상을 묘사해서 말할 수 있다.

☐ 도시와 시골 생활을 비교해서 말할 수 있다.

☐ 전시회를 소개하는 뉴스를 듣고 이해할 수 있다.

☐ 속담에 얽힌 이야기를 읽고 상상해서 글을 쓸 수 있다.

모범 답안

2. 1) 찍었던 2) 하도 재미있어 3) 하면 할수록 4) 추워해

번 역 Translation

어휘

여유가 있다	to have something to spare
여유가 없다	to have nothing to spare
활기차다	to be vigorous/animated
평화롭다	to be peaceful
공기가 맑다	to have clean air
공해가 심하다	to have severe air pollution
따분하다	to be dull/boring
시간 가는 줄 모르다	to not know how time has passed
편의 시설이 잘되어 있다	to have good amenities
불편하다	to be uncomfortable
정원(을) 가꾸다	to garden
잔디(를) 깎다	to cut the grass
채소(를) 심다	to plant vegetables
농사(를) 짓다	to farm
가축(을) 키우다	to raise livestock
물고기(를) 잡다	to catch fish
사라지다	to disappear
생기다	to be formed
변하다	to change
몰라보다	to fail to recognize
상상이 되다	to be able to imagine
상상이 안되다	to not be able to imagine

말하기 1

Julian	Father, this is the Cheonggyecheon that I told you about before.
Father	This is Cheonggyecheon? It has changed so much that I don't know where is where.
Julian	Is it that much different than before?
Father	Back then this was a road that cars drove on.
Julian	This was a road you say? I can't imagine. However, didn't you say that this was the area where you first met mother?
Father	Yea. There were all these book stores around here, but now they are all gone so it is difficult to find.
Julian	Shall I run in there and ask?
Father	That would be good. Every time I come to Seoul, it seems to change so much that I don't recognize it.

말하기 2

Julian	This is the hometown house that you always longed for, father.
Father	Yea, this is the house where I lived with grandfather until high school.
Julian	Did grandfather farm here?
Father	Yup, he farmed rice and raised cattle.
Julian	This place is really quiet and peaceful. Time seems to pass slowly here.
Father	Country life is more relaxed than the city.
Julian	But I like the vital city. Country life would be boring, wouldn't it?
Father	When I was young, I caught fish and swam—unaware of the passage of time.
Julian	But it would be inconvenient, as there are not many amenities.
Father	When I was young, the city life was convenient and good, but the older I get the more I miss my hometown.

15 전기를 아껴 쓰지 않으면 안 돼요

Electricity should be conserved

잘 듣고 이야기해 보세요. track 56

1. 여자는 왜 남자가 방에 있다고 생각했습니까?
2. 여자는 남자에게 어떻게 하라고 했습니까?

학습목표

어 휘
- 주거 생활
  Home life

문법과 표현 1
- V–게 하다
- A/V–(으)ㄹ걸(요)

말하기 1
- 문제 해결하기
  Solving problems

문법과 표현 2
- A/V–지 않으면 안 되다
- V–는 길에

말하기 2
- 불만 제기하기
  Bringing up complaints

듣고 말하기
- 이웃 간에 불평하는 대화 듣기
  Listening to complaint conversations between neighbors
- 집주인과 세입자의 대화 듣기
  Listening to conversations between landlords and tenants
- 집과 이웃에 대해 이야기하기
  Talking about homes and neighbors

읽고 쓰기
- 돈을 아끼는 방법에 대한 글 읽기
  Reading about money saving methods
- 절약 방법에 대해 글 쓰기
  Writing about energy saving methods

과 제
- 갈등 해결하기 역할극
  Role-play to solve complications

문화 산책
- 한국의 이사 풍습
  Korean moving customs

발 음
- 의문문의 억양
  Interrogative sentence intonation

어 휘 Vocabulary

1. 집에 다음과 같은 문제가 생긴 적이 있어요? 그때 어떻게 했어요? [보기]와 같이 이야기해 보세요.

수돗물이 안 나오다

전기가 나가다

변기가 막히다

물이 새다

소음이 심하다

난방이 안되다

이상한 냄새가 나다

물이 안 내려가다

보 기

2. 집의 계약과 관리에 대해 [보기]와 같이 이야기해 보세요.

계약서	계약 기간	계약하다
보증금	공과금	연체료
포함되다	납부하다	밀리다

보 기

방값에 전기 요금이 포함돼요?

계약 기간이 언제까지예요?

집을 계약할 때 누가 도와줬어요?

연체료를 낸 적이 있어요?

공과금을 어떻게 내요?

?

3. 생활비에 대해 [보기]와 같이 이야기해 보세요.

지출	수입	늘다	줄다
아끼다	절약하다	낭비하다	저축하다

보 기

지난달보다 지출이 늘었어요? 줄었어요?

저축도 하고 있어요?

일상생활에서 아껴야 하는 것은 무엇입니까?

지출 중에서 더 절약할 수 있는 돈은 뭐예요?

돈을 낭비해서 후회한 적이 있습니까?

?

문법과 표현 1 Grammar and Expression 1

1. V-게 하다

track 57

A 죄송하지만 아이들이 식당에서 뛰어다니지 못하게 해 주시겠어요?

B 미안해요. 그럴게요.

예

- 너무 바빠서 이사할 집을 동생에게 구하**게 했어요**.
- 선생님이 학생들에게 큰 소리로 책을 읽**게 하십니다**.
- 아버지가 짧은 치마를 못 입**게 하셔서** 속상해요.
- 아이가 피아노를 잘 치네요. - 네, 하루에 한 시간씩 꼭 연습하**게 했어요**.

연습 [보기]와 같이 이야기해 보세요.

1) 어렸을 때 부모님/선생님이 매일 무엇을 하게 했습니까?

2) 부모님/선생님이 절대로 못하게 한 일이 있습니까?

3) 아이들에게 무엇을 배우게 하면 좋겠습니까?

4) 이웃집 앞에 쓰레기를 버린 사람에게 무엇을 하게 하면 좋겠습니까?

보기

뛰어다니다 to run; rush around

2. A/V-(으)ㄹ걸(요)

track 58

A 전기 요금을 은행에 직접 가서 내야 할까?

B 자동이체를 하거나 인터넷으로 내도 될걸.

예

- 가죽옷 세탁은 세탁소에 맡기는 게 좋**을걸요**.
- 자취하면 집안일이 많아서 힘**들걸**.
- 하숙집에서 요리하려면 아주머니한테 미리 말해야 **할걸**.
- 관리비가 얼마나 나올까요? – 한 달에 10만 원쯤 나**올걸요**.

연습 [보기]와 같이 이야기해 보세요.

한국 지하철	대학교 기숙사	?
1) 전화를 받다 2) 강아지를 데리고 타다 3) 자전거를 가지고 타다 4) 물건을 팔다 5) 음식을 먹다	1) 친구를 데려오다 2) 노래하다 3) 요리하다 4) 술을 마시다 5) 담배를 피우다	

보 기

자동이체 automatic withdrawal　자취 cook for one's self; live on one's own　집안일 housework

말하기 1 Speaking 1

track 59

켈　리	아주머니, 제 방에 전기가 안 들어와요.
아주머니	전기가 안 들어온다고요? 다른 방은 다 괜찮은데…….
	혹시 전기 요금을 안 낸 거 아니에요?
켈　리	네? 전기 요금을 제가 내야 돼요?
	전에 살던 집에서는 관리비에 포함됐는데요.
아주머니	여기선 따로 내야 돼요. 고지서 못 받았어요?
켈　리	잠시만요. 이거 말씀인가요? 몇 번 받았는데 무슨 내용인지 몰랐어요.
아주머니	이게 고지서예요. 전기 요금이 세 달이나 밀렸네요.
켈　리	그럼 전기가 다시 들어오게 하려면 어떻게 해야 돼요?
아주머니	밀린 요금을 빨리 내세요. 아마 연체료가 꽤 될걸요.
켈　리	네, 알겠습니다.

연습1 친구와 연습해 보세요.

1) 전기가 안 들어오다
　전기 요금
　전기가 다시 들어오다
　연체료가 꽤 되다

2) 물이 안 나오다
　수도 요금
　물이 다시 나오다
　연체료도 내야 하다

따로 separately　고지서 bill

연습2 하숙이나 자취를 할 때 생기는 문제에 대해 [보기]와 같이 이야기해 보세요.

보 기

	문제	해결 방법
인터넷	설치가 안 되어 있다.	인터넷 회사에 연락해서 따로 설치해야 한다.
화장실	하수구가 막혔다.	먼저 하수구를 청소해 보고 그래도 안되면 수리 기사를 부른다.
보일러	난방이 안되고 따뜻한 물도 안 나온다.	보일러 전원을 껐다가 켜 보고 그래도 안되면 보일러 회사에 전화를 한다.
?		

설치하다 install

문법과 표현 2 Grammar and Expression 2

1. A/V-지 않으면 안 되다

track 60

A 내일 중요한 일이 있어서 이 양복을 입지 않으면 안 돼요.

B 그럼 저녁때까지 세탁해 놓을 테니까 시간 날 때 들르세요.

예

- 저는 침대가 편하**지 않으면 안 돼요**. 잠을 못 자거든요.
- 요즘 생활비가 모자라서 돈을 아끼**지 않으면 안 돼요**.
- 그 책은 내용이 어려워서 여러 번 읽**지 않으면 안 될 거예요**.
- 방을 구할 때에는 전기 요금이 월세에 포함되는지 물어보**지 않으면 안 됩니다**.

연습 안내문을 읽고 무엇을 하지 않으면 안 되는지 [보기]와 같이 말해 보세요.

한국학과 수강 신청 안내

- 수강 신청 기간 : 2월 25일 오전 9시 ~2월 27일 오후 6시
- 인터넷으로만 신청할 수 있습니다.
- 1학년 신입생은 '한국사 개론'을 포함해서 반드시 3과목 이상을 신청해야 합니다.

쓰레기 분리 배출 안내

- 재활용 쓰레기는 꼭 종류별로 모아서 버려 주십시오.
- 매주 수요일에 배출해 주시기 바랍니다.
- 음식물 쓰레기는 음식물 쓰레기봉투에 담아서 버려 주십시오.

기말 보고서 제출 안내

- 주제 : 한국의 과거와 미래
- 제출 : 7월 10일(금) 오후 6시까지
- A4 용지 5페이지 이상 쓸 것

봄철 건강 관리 안내

- 과일이나 채소는 흐르는 물에 30초 이상 씻어서 먹어야 합니다.
- 황사가 심할 때에는 꼭 마스크를 써야 합니다.
- 외출 후에는 반드시 손을 씻도록 합시다.

보 기

개강 전까지 수강 신청하면 되죠?

수강 신청은 2월 27일 오후 6시까지 하지 않으면 안 돼요.

한국사 개론 Introduction to Korean History　과목 class; course　종류별로 by type　제출 submit　A4 용지 A4 paper　봄철 spring
황사 yellow-sand　마스크 mask

2. V-는 길에

track 61

A 세탁이 끝나면 댁으로 배달해 드리겠습니다.

B 아니에요. 제가 운동 갔다 오는 길에 찾으러 올게요.

예

- 부산에 가는 **길에** 경주에 들러서 구경하려고 해요.
- 오늘이 켈리 씨 생일이라서 학교에 오는 **길에** 케이크를 샀어요.
- 귀국하는 **길에** 면세점에서 화장품 좀 사다 줄래요? 여기서 사면 비싸서 그래요.

연습 다음 단어를 사용해서 친구나 가족에게 [보기]와 같이 부탁해 보세요.

나가다 외출하다 출근하다 들어오다 돌아오다 퇴근하다

보기

나 지금 나가는데 뭐 부탁할 거 없어요?

그럼 나가는 길에 음식물 쓰레기 좀 버려 줄래요?

면세점 tax-free store 경비실 security office

말하기 2 Speaking 2

track 62

줄리앙	이거 지난주에 맡겼던 양복인데, 소매에 이상한 얼룩이 생겼어요.
세탁소 주인	그래요? 맡기시기 전에는 문제가 없었어요?
줄리앙	네, 산 지 얼마 안 된 옷이에요. 몇 번 입지도 않았고요.
세탁소 주인	저희 직원이 실수한 모양이네요. 제가 확인했어야 했는데……. 정말 죄송합니다. 다시 세탁해 드리겠습니다.
줄리앙	저 내일 이 옷을 꼭 입지 않으면 안 돼요. 중요한 면접이 있거든요.
세탁소 주인	무슨 일이 있어도 오늘까지 해 놓을 테니까 저녁에 아무 때나 오세요.
줄리앙	그럼 8시쯤 운동 갔다 오는 길에 들를게요. 아끼는 옷이니까 잘 좀 부탁드립니다.

연습1 친구와 연습해 보세요.

1) 소매에 이상한 얼룩이 생겼다
다시 세탁하다
무슨 일이 있어도
운동 갔다 오다

2) 소매가 약간 찢어졌다
깨끗하게 수선하다
틀림없이
집에 돌아가다

수선하다 to mend　무슨 일이 있어도 whatever happens

연습2 [보기]와 같이 불만을 이야기하고 문제를 해결해 보세요.

보 기

	불만	해결 방법
홈쇼핑	• 택배를 아직 못 받았다. • 다른 곳으로 배송됐을까 봐 걱정이다.	• 확인해 보겠다. • 택배 기사와 연락해 보겠다.
세탁소	• 단추가 떨어졌다. • 똑같은 단추가 없을까 봐 걱정이다.	• 단추를 다시 달아 주겠다. • 구할 수 있을 것이다.
과일 가게	• 주문한 과일이 상했다. • 또 상한 과일이 올까 봐 걱정이다.	• 싱싱한 과일을 다시 보내겠다. •
?		

단추를 달다 to put on buttons 상하다 to go bad; spoil

듣고 말하기 Listening and Speaking

준비 집에 어떤 문제가 생기면 불편할까요?

전기 수도 난방 소음

듣기1 잘 듣고 질문에 답하세요. track 63

1) 여자는 왜 윗집에 찾아왔습니까?

① 화장실 변기가 막혀서

② 화장실 천장에서 물이 새서

③ 화장실 물이 잘 안 내려가서

2) 남자는 앞으로 무엇을 할 것 같습니까?

① 수리 기사를 부른다.

② 직접 화장실을 수리한다.

③ 아랫집 화장실에 가 본다.

준비 계약 기간이 끝나기 전에 방을 빼려면 어떻게 해야 합니까?

방을 빼다 to clear out of; to vacate a room

듣기2 잘 듣고 질문에 답하세요. track 64

1) 여자는 왜 남자를 찾아갔습니까?
   ① 방에 물이 새서
   ② 방을 일찍 빼려고
   ③ 귀국 인사를 하려고

2) 문제를 해결하기 위해 여자가 할 일은 무엇입니까?
   ① 집주인에게 잘 이야기한다.
   ② 부동산에 이사 갈 집을 알아본다.
   ③ 새로운 세입자를 구한다.

3) 여자가 문제를 해결하지 못하면 어떻게 됩니까?
   ① 이사하지 못한다.
   ② 귀국하지 못한다.
   ③ 방세를 계속 내야 한다.

말하기 다음에 대해 친구들과 함께 이야기해 보세요.

1. 집을 구할 때 제일 중요하게 생각하는 것은 무엇입니까?
2. 냉방비나 난방비를 절약할 수 있는 방법을 알고 있습니까?
3. 이사한 후 이웃에게 첫인사를 어떻게 합니까?
4. 지금까지 만난 이웃 중에서 제일 좋은/싫은 이웃은 어떤 사람이었습니까?

읽고 쓰기 Reading and Writing

준비 여러분은 돈을 아끼기 위해 어떤 노력을 하고 있습니까?

읽기 다음 글을 읽고 질문에 답하세요.

홈 | 사진 | 동영상 | 알림 | 방명록 검색

재테크 카페

카페 가입하기

- 가계부 쓰는 방법
- 생활비 절약하기
- 알뜰하게 쇼핑하기
- 자유 게시판

돈을 아끼는 방법

부자가 되려면 작은 돈부터 아껴 써야 합니다. '티끌 모아 태산'이라는 말도 있지요? 그럼 어떻게 해야 돈을 아낄 수 있을까요?

첫째, 영수증을 모으고 가계부를 씁니다. 어디에 어떻게 돈을 사용하고 있는지 알아야 돈을 절약할 수 있습니다.

둘째, 관리비를 줄이지 않으면 안 됩니다. 사용하지 않는 전기 플러그를 뽑아 두고, 설거지할 때에는 물을 계속 틀어 놓지 않습니다. 그리고 사람이 없는 방의 불도 끕니다. 특히 겨울철에 가족들에게 내복을 입게 하면 난방비를 아낄 수 있습니다.

셋째, 알뜰하게 쇼핑합니다. 퇴근하는 길에 마트에 들러서 세일하는 식품을 사면 식비를 절약할 수 있습니다. 직접 요리해서 먹으면 외식비도 아낄 수 있고 건강에도 좋습니다.

돈을 아끼는 방법, 모두가 알고 있는 쉬운 것들이지만 실천하기는 쉽지 않습니다. 미리 목표를 정하고 작은 것부터 실천합시다.

1) 왜 이 글을 썼습니까?

① 돈을 아끼는 방법을 알려 주려고

② 관리비 줄이는 방법을 가르쳐 주려고

③ 알뜰하게 쇼핑하는 방법을 배우고 싶어서

2) 생활비를 아끼기 위한 방법으로 맞는 것을 고르세요.

① 마트보다는 시장을 이용한다.

② 영수증을 모으고 가계부를 쓴다.

③ 신용 카드보다는 현금을 사용한다.

티끌 모아 태산 a little makes a lot 내복 undergarments; long johns 알뜰하다 to be frugal 목표 goal

쓰기 1) 친구들에게 소개해 주고 싶은 '나만의 절약 방법'이 있습니까?

2) 위에서 이야기한 방법을 간단히 써 보세요.

첫째,

둘째,

셋째,

3) '나만의 절약 방법'이라는 주제로 글을 써 보세요.

과제 Task

생활하면서 생긴 문제를 해결하는 역할극을 해 보세요.

문제 카드를 하나씩 뽑으세요. (활동 카드 → p.237)

201호 학생

내일 아침에 아주 중요한 시험이 있어서 지금 잠을 자지 않으면 안 된다. 그런데 옆집에서 파티를 하는 모양이다. 너무 시끄러워서 잠을 잘 수가 없다.

202호 학생

같이 공부하던 친구가 내일 귀국한다. 친구와 헤어지는 게 너무 슬프다. 친구들과 우리 집에 모여서 막 송별회를 시작했는데 옆방 친구가 찾아왔다.

카드를 읽고 어떻게 문제를 해결할 수 있을지 생각해 보고 메모하세요.

짝을 찾아 역할극을 해 보세요.

막 just

문화 산책 Culture Note

준비 이사한 후에 이웃에게 어떻게 첫인사를 했습니까?

알아보기 "옆집에 이사 왔어요. 떡 좀 드세요."

옛날에 한국 사람들은 붉은색이 나쁜 것을 막아 준다고 믿었습니다. 그래서 집에 중요한 일이 있을 때는 붉은 팥을 넣은 팥떡이나 팥죽을 만들어 먹었습니다.

이사 때도 붉은 팥을 넣은 떡을 만들어 먹고 이웃에도 돌렸습니다.

이웃들에게 떡을 나누어 주면서 이사 온 것을 알리고 인사하는 것이 한국의 이사 풍습이었습니다.

생각 나누기 여러분 나라의 이사 풍습에 대해 이야기해 보세요.

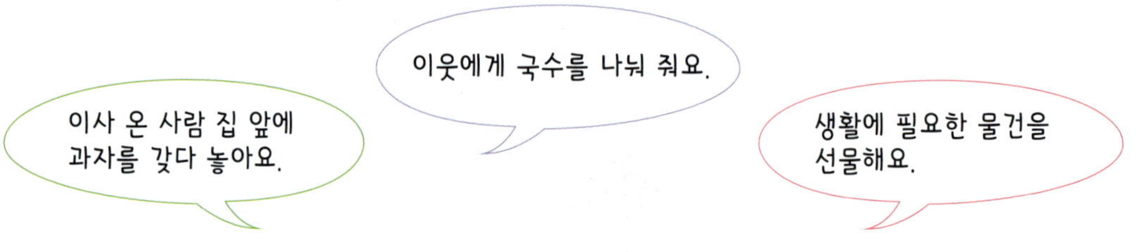

막다 to block 팥 red-bean 돌리다 to hand out 풍습 custom

발음 Pronunciation

준비 들어 보세요. track 65

1) 어디 갔다 와요?

2) 어디 갔다 와요?

규칙 1. 어떤 일이나 상태에 대해 필요한 정보를 물을 때는 의문사('어디', '누구' 등)를 높고 강하게 발음합니다.

When asking for information about an event or a situation, use strong rising intonation on interrogatives ('Where', 'Who', etc.)

예] 지금 어디 가요? – 극장에 가요.

오늘 누구 만나요? – 고등학교 동창 만나요.

2. 어떤 일을 하는지, 안 하는지 물을 때는 동사를 높고 강하게 발음합니다.

When asking whether something will be done or not, use strong rising intonation on the verb.

예] 어디 가요? – 네, 잠깐 나갔다 올게요.

누구 만나요? – 네, 약속이 있어요.

연습 억양에 주의해서 다음 대화를 읽어 보세요. track 66

1) A 우리 언제 만날까요?
B 좋아요. 시간 나면 전화하세요.

A 우리 언제 만날까요?
B 전 내일 오전이 좋아요.

2) A 뭐 마실까요?
B 그래요. 저기 커피숍이 있네요.

A 뭐 마실까요?
B 전 주스로 할래요.

3) A 누가 아직 안 왔어요?
B 아니요, 다 왔는데요.

A 누가 아직 안 왔어요?
B 다나카 씨가 안 왔어요.

자기 평가 Self-Check

1. 아는 단어에 √ 하세요.

□ 전기가 나가다	□ 보증금	□ 납부하다	□ 지출
□ 물이 새다	□ 공과금	□ 밀리다	□ 절약하다
□ 소음이 심하다	□ 연체료	□ 수입	□ 낭비하다

2. 알맞은 것을 골라 대화를 완성하세요.

-게 하다	-지 않으면 안 되다
-는 길에	-(으)ㄹ걸(요)

1) A 경주에 언제 가 봤어요?
   B 작년에 부산에 ______________ 잠깐 들렀어요.

2) A 기분이 안 좋아 보이는데 무슨 일 있어요?
   B 친구들과 여행 가기로 했는데 엄마가 ______________ 하시잖아요.

3) A 하루밖에 안 늦었는데 연체료를 내야 해요?
   B 고객님, 하루만 늦어도 연체료를 ______________.

4) A 켈리 씨는 어디 갔어요?
   B ______________. 오늘까지 관리비를 내야 한다고 했거든요.

3. 한국어로 할 수 있는 것에 √ 하세요.

□ 집과 관련된 문제를 해결할 수 있다.

□ 생활하면서 생긴 불평이나 불만을 말할 수 있다.

□ 집 계약에 관한 대화를 듣고 집과 이웃에 대해 말할 수 있다.

□ 자신이 알고 있는 문제 해결 방법에 대해 읽고 쓸 수 있다.

모범 답안

2. 1) 가는 길에 2) 못 가게 3) 내지 않으면 안 됩니다 4) 은행에 갔을걸요

번 역 Translation

어휘

수돗물이 안 나오다	to have the water go off
전기가 나가다	to have electricity go out
변기가 막히다	to have a clogged toilet
물이 새다	to have a water leak
소음이 심하다	to have a lot of noise
난방이 안되다	to have broken air conditioning
이상한 냄새가 나다	to have a strange odor
물이 안 내려가다	to have water not go down
계약서	contract
계약 기간	contract period
계약하다	to make a contract
보증금	deposit
공과금	utility bill
연체료	late fee
포함되다	be inclusive of; include
납부하다	to make a payment
밀리다	to be overdue
지출	expenses
수입	income
늘다	to increase
줄다	to decrease
아끼다	to conserve
절약하다	to be economical
낭비하다	to be wasteful
저축하다	to save/put aside (money)

말하기 1

Kelly	Ma'am, there is no electricity in my room.
Aunty	No electricity? All the other rooms are OK. I'm afraid you might not have paid the electricity bill.
Kelly	What? I have to pay the electricity bill? At the last house I lived in, this was included in the maintenance fee.
Aunty	Here you have to pay it separately. Haven't you received the bills?
Kelly	Just a moment. You mean this? I received this several times but I don't understand what it says.
Aunty	This is the bill. You're three months behind on your electricity charges.
Kelly	So then, what should I do to have electricity back?
Aunty	Pay the overdue bill quickly. Late fee should be quite a lot.
Kelly	Yes, I see.

말하기 2

Julian	This is the suit I dropped off last week, and there is a stain on the cuff.
Laundry Owner	Really? Yet, by chance was the problem not there before you dropped it off?
Julian	No, it's a newly purchased suit. I haven't worn it more than a few times.
Laundry Owner	Seems like our employee made a mistake. I should have checked. I'm terribly sorry. I'll launder it again for you.
Julian	I have an important interview midmorning tomorrow, and I must wear these clothes.
Laundry Owner	Then, by today I'll have it done no matter what, so drop in when you have time in the evening.
Julian	Then, I'll drop in on my way back after exercising. These clothes are valuable to me, so please do a good job on them.

16 가야금이 사람 키만 해요

A zither is as tall as a person

잘 듣고 이야기해 보세요. track 67

1. 여자는 이번 주말에 무엇을 합니까?
2. 남자가 낚시하러 가는 이유는 무엇입니까?

학습목표

어 휘	• 심리 상태, 모양 묘사 Mental states, describing shapes
문법과 표현 1	• N만 하다 • V-(으)ㄹ 생각도 못 하다
말하기 1	• 악기 묘사하기 Describing musical instruments
문법과 표현 2	• V-(으)ㄹ 만하다 • A/V-기로 유명하다, N(으)로 유명하다
말하기 2	• 여가 활동 소개하기 Introducing leisure activities
듣고 말하기	• 물건의 모양을 설명하는 전화 대화 듣기 Listening to telephone calls describing the shapes of objects • 연 만드는 방법 듣기 Listening to a kite making method • 여가 활동에 대해 이야기하기 Talking about leisure activities
읽고 쓰기	• 야외 활동에 대한 신문 기사 읽기 Reading newspaper articles about outdoor activities • 자기 나라의 장소나 활동 소개하는 글 쓰기 Writing to introduce your country's locations and activities
과 제	• 사물 묘사하기 게임 Describing objects game
문화 산책	• 한국의 조각보 Korean patchwork
발 음	• 연음 Liaison

어 휘 Vocabulary

1. 시간이 있을 때 무엇을 합니까? 왜 그 일을 하는지 이야기해 보세요.

마음이 편안해지다	신이 나다	가슴이 뛰다
마음에 여유가 생기다	힘이 나다	마음이 설레다

2. 악기 연주 방법을 소개해 보세요.

누르다	불다	튕기다	치다	켜다

피아노

바이올린

트럼펫

기타

드럼

3. 다음 물건의 모양을 말해 보세요.

세모	네모	동그라미	마름모

(   ) (   ) (   ) (   )

보 기

이 텐트는 앞에서 보면 세모인데 옆에서 보면 네모예요.

4. 주위에 있는 물건의 모양과 느낌을 묘사해 보세요.

둥글다	뾰족하다	딱딱하다	부드럽다
평평하다	울퉁불퉁하다	매끄럽다	거칠다

호두는 둥글고 울퉁불퉁해요.

문법과 표현 1 Grammar and Expression 1

1. N만 하다

track 68

A 가야금이 생각보다 크군요.

B 네, 제 키만 하네요.

예

- 사과가 얼마나 큰지 몰라요. 수박**만 해요**.
- 동생도 저**만 해요**. 키가 별로 크지 않아요.
- 남자 친구가 사람**만 한** 곰 인형을 선물로 줬어요.

연습 그림을 보고 [보기]와 같이 이야기해 보세요.

1)  사람

2)  팔뚝

3) 

얼굴

4)  주먹

5)  배

6)  학생증

보 기

2. V-(으)ㄹ 생각도 못 하다

track 69

A 요즘엔 캠핑 안 가요? 전에는 자주 갔잖아요.

B 요즘 일이 많아서 캠핑 갈 생각도 못 해요.

예

- 학비가 너무 비싸서 유학 **갈 생각도 못 해요**.
- 취직 준비 때문에 바빠서 여자 친구 만**날 생각도 못 해요**.
- 그 식당은 손님이 많아서 예약하지 않으면 **갈 생각도 못 해요**.

연습 그림을 보고 [보기]와 같이 이야기해 보세요.

1) 

2) 

3) 

4) 

5) 

6) 

보기

말하기 1 Speaking 1

track 70

알 리	줄리앙 씨는 주말에 보통 뭐 해요?
줄리앙	요즘 가야금 배우러 다니는데 무척 재미있어요.
알 리	가야금요? 그게 뭐예요?
줄리앙	한국 전통 악기예요. 긴 네모 모양 나무판 위에 줄이 12개 있어요.
알 리	아, 본 적이 있어요. 그거 크기가 꽤 큰 것 같던데…….
줄리앙	네, 사람 키만 해요.
알 리	그런데 연주는 어떻게 해요?
줄리앙	손가락으로 줄을 누르거나 튕겨서 소리를 내요. 소리가 참 좋은데 알리 씨도 배워 볼래요?
알 리	아유, 전 음치라서 악기는 배울 생각도 못 해요.

연습1 친구와 연습해 보세요.

1) 가야금

긴 네모 모양 나무판 위에
줄이 12개 있다

사람 키

손가락으로 줄을 누르거나 튕기다

2) 장구

모래시계 모양인데
둥근 부분이 가죽으로 되어 있다

이 둥근 탁자

둥근 부분을 채로 치다

가야금 zither 나무판 wooden board 음치 tone deaf 장구 double headed Korean drum 모래시계 hourglass 부분 part; portion 채 stick

연습2 여러분 나라의 전통 악기나 여러분이 좋아하는 악기의 모양과 연주 방법에 대해 이야기해 보세요.

문법과 표현 2 Grammar and Expression 2

1. V-(으)ㄹ 만하다

track 71

A 진해 벚꽃 길은 정말 가 볼 만해요.
경치가 아주 아름다워요.

B 그래요? 한번 가 봐야겠네요.

예

- 남산에서 내려다본 야경이 정말 구경**할 만했어요**.
- 많이 걸어서 다리 아픈데 어디 **쉴 만한** 데가 없을까요?
- 주사 맞을 때 좀 아팠지만 참**을 만했어요**.
- 여자 친구가 처음 해 준 음식이 그럭저럭 먹**을 만했다**.

연습 [보기]와 같이 친구에게 한국의 명소를 추천해 보세요.

보 기

춘천이 꼭 한번 가 볼 만해요.
서울에서 가깝고 경치도 아름다워요.

그래요? 음식은 뭐가 맛있어요?

장소	이유	음식	체험
춘천	서울에서 가깝고, 경치도 아름답다	닭갈비	카누 타기
안동	하회 마을도 구경할 수 있고, 탈춤도 볼 수 있다	찜닭	한옥에서 자기

야경 night view 주사 injection 하회 마을 historic Korean village in Andong

2. A/V-기로 유명하다, N(으)로 유명하다

track 72

A 한탄강 캠핑장은 시설이 좋기로 유명하대.

B 그럼 이번 캠핑은 거기로 갈까?

예

- 동대문시장은 옷이 싸**기로 유명하다**.
- 베토벤은 어렸을 때부터 피아노를 잘 치**기로 유명했다**.
- 동강은 래프팅**으로 유명하다**.
- 브라질은 축구**로 유명한** 나라이다.

연습 여러분 나라는 무엇으로 유명합니까? [보기]와 같이 이야기해 보세요.

보 기

중국은 무엇으로 유명해요?

만리장성으로 유명해요.
만리장성은 길기로 유명해요.

이탈리아는 무엇으로 유명해요?

파스타로 유명해요. 파스타는
종류가 많기로 유명해요.

한탄강 a river in Gangwon Province 캠핑장 campground 베토벤 Beethoven 동강 a river in Gangwon Province 래프팅 rafting
만리장성 Great Wall of China

말하기 2 Speaking 2

track 73

정 우	이번 연휴에 내장산으로 등산 갈까?
스티븐	내장산은 처음 듣는데 서울 근처야?
정 우	아니, 전라도에 있는데 단풍이 아름답기로 유명해.
스티븐	등산도 좋지만 캠핑은 어때? 난 캠핑 생각만 해도 마음이 설레.
정 우	캠핑은 왠지 힘들 것 같아. 잠자리도 불편하고 준비할 것도 많잖아.
스티븐	그래도 자연 속에서 하룻밤을 보내면 마음이 얼마나 편안해지는데……. 고향에서는 여행할 때마다 텐트를 차에 싣고 다녔어.
정 우	너 진짜 캠핑 좋아하는구나. 캠핑장은 좀 알아봤어?
스티븐	당연하지. 한탄강 캠핑장이 좋다고 들었어. 래프팅도 정말 해 볼 만하대.

연습1 친구와 연습해 보세요.

1) 내장산
전라도 / 단풍이 아름답다
마음이 설레다
래프팅도 하다

2) 주왕산
경상도 / 폭포가 멋있다
신이 나다
산악 오토바이도 타다

내장산 a mountain in Jeolla Province　전라도 Jeolla Province　잠자리 sleeping area; bed　싣다 to load
주왕산 a mountain in Northern part of Gyeongsang Province　경상도 Gyeongsang Province　폭포 waterfall　산악 오토바이 mountain motorcycle

연습2 자신의 특별한 여가 활동에 대해 [보기]와 같이 이야기해 보세요.

보 기

	여가 활동	장소
	수상 스키	청평
	빙어 낚시	강원도
	스킨스쿠버	제주도
?		

수상 스키 water-ski　청평 a place in Gyeonggi Province　암벽 등반 rock climbing　빙어 낚시 ice fishing　스킨스쿠버 skin scuba

듣고 말하기 Listening and Speaking

준비 물건을 잃어버려서 그 물건의 모양에 대해 설명한 적이 있습니까? 그때 어떻게 말했습니까?

듣기1 잘 듣고 질문에 답하세요. track 74

1) 남자는 왜 전화를 했습니까?

① 보고서를 끝내지 못해서

② 휴대폰을 안 가져와서

③ 보고서를 안 가져와서

2) 남자가 말하는 물건은 어떻게 생겼습니까?

① 

② 

③ 

3) 남자는 전화를 끊고 나서 어떻게 해야 할까요?

① 집으로 간다.

② 어머니를 기다린다.

③ 어머니의 메일을 기다린다.

준비 여러분 나라에서도 연날리기를 합니까? 그 연은 어떤 모양입니까?

1) 

2) 

3) 

듣기2 잘 듣고 질문에 답하세요. track 75

1) 남자와 여자는 지금 무엇을 하고 있습니까?

① 연을 날리고 있다.

② 연을 만들고 있다.

③ 연날리기를 구경하고 있다.

2) 남자가 만든 연은 다음 중 어느 것일까요?

①

②

③

3) 들은 내용과 맞는 것을 고르세요.

① 남자는 어렸을 때 연을 잘 날렸다.

② 남자는 한강공원에서 연날리기를 해 본 적이 있다.

③ 두 사람은 연날리기를 하러 한강공원에 갈 것이다.

말하기 다음에 대해 친구들과 함께 이야기해 보세요.

1. 여러분 나라에서 가장 인기 있는 여가 활동은 무엇입니까?
2. 여러분은 실내 활동과 야외 활동 중 어느 것을 더 좋아합니까? 왜 그렇습니까?
3. 꼭 해 보고 싶은 여가 활동이 있습니까?
4. 특별한 취미를 가진 사람에 대해 이야기해 보세요.

읽고 쓰기 Reading and Writing

준비 여가 활동을 위해 사람들이 자주 가는 장소가 어디입니까? 거기서 무엇을 합니까?

산 바다 공원

읽기 다음을 읽고 질문에 답하세요.

한강공원의 숨은 재미를 찾아서!

서울 시민의 산책 장소로 유명한 한강공원이 야외 활동의 천국이라는 사실을 아는 사람은 많지 않다. 도시에서는 생각도 못 했던 활동들을 한강에서는 즐길 수 있다. 서울시는 이번 봄에 한강공원에서 즐길 수 있는 특별한 활동을 추천하고 있다.

먼저 뚝섬 한강공원에 가면 높이가 다른 네모 모양의 울퉁불퉁한 벽을 볼 수 있는데 그게 바로 인공 암벽장이다. 인공 암벽장은 누구나 무료로 이용할 수 있고 암벽 등반도 무료로 배울 수 있다. 이용 시간은 성수기(3~11월)에는 오전 9시부터 오후 9시까지, 비수기(12~2월)에는 오전 9시부터 오후 5시까지이다.

광나루 한강공원에서는 자전거와 레일바이크를 즐길 수 있다. 자전거 이용 요금은 20분에 1,000원이고, 만 6세 미만 어린이는 무료다. 레일바이크는 약 10분 동안 탈 수 있는 길이인데 2인용 좌석 사이에 작은 의자가 있어서 어린이와 함께 온 가족도 이용할 만하다. 총 10대가 마련돼 있으며 이용 요금은 2,000원이다.

1) 한강에서 즐길 수 있는 야외 활동에 무엇이 있습니까?

(① ② ③)

천국 heaven 인공 암벽장 artificial rock climbing 성수기 peak season 비수기 off season 레일바이크 rail bike 미만 under a limit

2) 이 글의 내용과 같은 것은 무엇입니까?

① 레일바이크는 2인용 좌석으로 되어 있다

② 5세 어린이는 자전거 이용 요금이 무료다.

③ 서울 시민만 한강공원에서 암벽 등반을 할 수 있다.

쓰기 다른 사람들이 잘 모르는 특별한 장소와 활동을 소개하는 글을 써 보세요.

1) 잘 알려지지 않았지만 고향 사람들이 자주 가는 곳이 있습니까? 거기서 보통 뭘 합니까?

장소		
활동		
먹을거리		

2) 그곳에서 특별하게 할 수 있는 활동이 있습니까?

- ☐ 번지 점프
- ☐ 수상 스키
- ☐ 스카이다이빙
- ☐ ________________
- ☐ 공예품 만들기
- ☐ 농사 체험
- ☐ 요리 배우기
- ☐ ________________

3) 친구들에게 소개하고 싶은 특별한 장소나 활동이 있습니까? 간단하게 소개해 보세요.

____

____

____

공예품 craftwork

4) 위에서 정리한 내용을 좀 더 자세히 써 보세요.

과제 Task

친구들과 사물 묘사하기 게임을 해 보세요.

세 명이 한 팀이 되어 주변에 있는 물건을 설명하고 맞혀 보세요. (사물 그림 → p.238)

한 사람이 마음속으로 사물 카드를 정하면 두 사람은 그 사물의 모양과 크기, 느낌에 대해 질문합니다. 답은 '네, 아니요'로만 할 수 있습니다. 답을 맞힌 사람이 카드를 가져갑니다.

카드를 많이 가진 사람이 이깁니다. 누가 이겼는지 점수를 매겨 보세요.

문화 산책 Culture Note

준비 다음은 어떤 모양입니까? 이것을 보면 어떤 느낌이 듭니까?

알아보기 한국의 조각보

용도	조각보는 주로 물건을 싸거나 선물을 포장할 때 썼지만, 음식을 덮어 두거나 창문에 걸어 햇빛을 가리는 등 다양하게 사용되었습니다. 조각보는 물건의 모양이나 크기에 관계없이 쓸 수 있고 보관도 쉽다는 장점이 있습니다.
모양	천 조각을 이어서 예쁜 조각보를 만들었습니다. 옷을 만들고 남은 천을 사용했기 때문에 자연스럽게 세모, 네모, 마름모 무늬가 만들어졌습니다. 그 아름다운 색깔과 모양 때문에 조각보는 현재까지도 뛰어난 예술품으로 사랑받고 있습니다.

생각 나누기 여러분 나라에도 조각을 이어서 만드는 물건이 있습니까?

?

포장하다 to wrap 햇빛을 가리다 to shade from the sun 보관 storage 뛰어나다 to be excellent 예술품 artwork

발음 Pronunciation

준비 들어 보세요. track 76

1) 떡볶이가 맛있네요.
2) 값을 깎아 드릴 테니까 다음에 또 오세요.

규칙 1. 받침 뒤에 모음으로 시작되는 조사나 어미가 오면 받침은 뒤 음절 첫소리로 옮겨 발음됩니다.
When final consonants are followed by grammatical suffixes that begin with a vowel, the final consonant sounds shift over to the initial position of the following vowels.

예] 옷이[오시]　꽃이[꼬치]　밭에서[바테서]
깎으니까 [까끄니까]　앉아서[안자서]　젊어요[절머요]
생년월일[생녀눠릴]

2. 앞 단어 뒤에 모음으로 시작되는 단어가 오면, 앞 단어의 받침이 [ㅂ, ㄷ, ㄱ]으로 바뀐 후 뒤 단어의 첫소리로 발음됩니다.
When a following word begin with a vowel, the final consonant sound [ㅂ], [ㄷ], or [ㄱ] of the preceding word is pronounced in the position of the following vowel.

예] 겉옷[거돋]　맛없어요[마덥써요]　앞 아파트[아바파트]
부엌 앞에[부어가페]

연습 다음을 읽고 연음 현상이 일어나는 곳에 주의해서 읽어 보세요. track 77

오늘은 내 생일이었다. 하지만 친구들은 내 생일이 몇 월 며칠인지 모르는 것 같아서 슬펐다. 아침에 따뜻한 겉옷을 입고 나왔는데도 날씨가 더 춥게 느껴졌다.

그런데 같은 반 친구가 수업 후에 자기 집에서 저녁을 먹자고 했다. 한국에서 친구 집에 가는 것이 처음이라서 학교 앞에서 꽃을 사 갔다. 그 집에 들어가자 갑자기 불이 켜지고 친구들이 큰 소리로 생일 축하 노래를 불러 주었다.

친구들은 나를 위해서 선물을 준비하고 내가 좋아하는 닭을 튀기고 떡볶이도 만드느라 오후 내내 바빴다고 했다. 친구들은 음식이 맛없을까 봐 걱정했지만 나는 태어나서 가장 멋있는 생일상을 받았다. 앉아 있는데 너무 행복해서 눈물이 나왔다. 친구들아, 정말 고마워!

자기 평가 Self-Check

1. 아는 단어에 √ 하세요.

☐ 신이 나다	☐ 누르다	☐ 세모	☐ 평평하다
☐ 가슴이 뛰다	☐ 튕기다	☐ 네모	☐ 울퉁불퉁하다
☐ 마음에 여유가 생기다	☐ 치다	☐ 동그라미	☐ 매끄럽다
☐ 마음이 설레다	☐ 켜다	☐ 마름모	☐ 뾰족하다

2. 알맞은 것을 골라 대화를 완성하세요.

–(으)ㄹ 생각도 못 하다	만 하다
–(으)ㄹ 만하다	–기로 유명하다, (으)로 유명하다

1) A 요즘도 매주 주말농장에 가요?
   B 하도 바빠서 ____________________.

2) A 혹시 여기 있던 ____________________만 한 수첩 봤어요?
   B 아니요, 못 봤는데요.

3) A 이 식당은 뭐가 맛있어요?
   B 해물탕이 정말 ____________________.

4) A 부산에 여행 갈 건데 어디를 구경하면 좋을까요?
   B 부산은 바다가 ____________________ 해운대에 가 보세요.

3. 한국어로 할 수 있는 것에 √ 하세요.

☐ 악기의 모양과 연주 방법을 설명할 수 있다.

☐ 여가 활동 방법을 소개할 수 있다.

☐ 사물의 모양에 대한 설명을 듣고 이해할 수 있다.

☐ 여가 활동에 대한 글을 읽고 여가 활동을 소개하는 글을 쓸 수 있다.

모범 답안

2. 1) 갈 생각도 못 해요 2) 손바닥 3) 먹을 만해요 4) 아름답기로 유명하니까

번 역 Translation

어휘

마음이 편안해지다	to feel at ease
신이 나다	to be excited
가슴이 뛰다	to have one's heart beat
마음에 여유가 생기다	to become free at heart
힘이 나다	to be energetic
마음이 설레다	to have one's heart flutter
누르다	to press
불다	to blow
튕기다	to strum
치다	to hit/strike
켜다	to play (instrument)
세모	triangle
네모	quadrangle
동그라미	circle
마름모	diamond
둥글다	to be round/spherical
뾰족하다	to be sharp/pointy
딱딱하다	to be hard
부드럽다	to be soft
평평하다	to be flat
울퉁불퉁하다	to be bumpy
매끄럽다	to be smooth/slippery
거칠다	to be rough

말하기 1

Alli	Julian, what are you doing on the weekend?
Julian	I've recently started to learn 'gayageum', it's very interesting.
Alli	Gayageum? What's gayageum?
Julian	It's a traditional Korean instrument. It's shaped like a long rectangular box with 12 strings on it.
Alli	Ah, I've seen them. They seem fairly large...
Julian	Yes, as tall as a person.
Alli	But, how do you play it?
Julian	You press or strum the strings with your fingers to make sound. Alli, do you want to learn together?
Alli	Oh boy, I'm practically tone deaf, so I can't imagine learning an instrument.

말하기 2

Jeongu I'm thinking about going hiking to Naejang Mountain this holiday break; want to go along?

Steven It's the first time I've heard of Naejang Mountain. Is it near Seoul?

Jeongu No, it's a mountain in Jeolla province. It's renowned for its beautiful autumn colors.

Steven Hiking is good but how about going camping. Even just thinking about camping makes my heart flutter.

Jeongu Camping seems a bit difficult for some reason. The sleeping areas are uncomfortable and there is so much to prepare, right?

Steven Of course it has inconveniences. But once you have a night out in nature, your mind just relaxes...
In my hometown, I packed my tent in the car whenever I traveled.

Jeongu You really like camping. Have you looked into a camping site?

Steven Of course. I heard Hantan River camping site is worth going to.
They say rafting is worth trying.

17 두 사람이 연인 사이라니요?

Those two are a couple?

잘 듣고 이야기해 보세요. track 78

1. 두 사람은 무엇에 대해 이야기하고 있습니까?
2. 그 소문은 사실입니까?

학습목표

어 휘	• 소문 Rumors
문법과 표현 1	• V-고 보니(까) • A-(으)ㄴ/V-는 척하다
말하기 1	• 소문 전달하기 Passing on rumors
문법과 표현 2	• A/V-다니(요), N(이)라니(요) • N(이)라고 (해서) 다 A-(으)ㄴ/V-는 것은 아니다
말하기 2	• 오해 정정하기 Correcting misunderstandings
듣고 말하기	• 편견에 대한 뉴스 듣기 Listening to news about prejudice • 건강에 대한 상담 듣기 Listening to counseling about health • 편견과 오해에 대해 말하기 Talking about prejudice and misunderstandings
읽고 쓰기	• 서동요에 대한 글 읽기 Reading about 'Seodongyo' • 들은 소문에 대한 글 쓰기 Writing about a heard rumor
과 제	• 잘못된 상식 바로 잡기 게임 Catching common misconceptions game
문화 산책	• 소문에 대한 한국 속담 Korean proverbs about rumors
발 음	• 낭독 연습 Practicing reading aloud

어 휘 Vocabulary

1. 최근에 들은 소문에 대해 [보기]와 같이 이야기해 보세요.

소문이 나다	소문을 내다	소문이 퍼지다	소문을 퍼뜨리다

보 기

2. 친구의 이야기를 듣고 [보기]와 같이 이야기해 보세요.

그럴 리가 없다	믿어지지 않다	그럴 수 있다	틀림없다

보 기

3. 다음 표현을 사용해서 [보기]와 같이 이야기해 보세요.

우연히	자세히	분명히	솔직히

보 기

우연히 들었는데 우리 학교 화장실에 귀신이 있대요.

어디서 그런 얘길 들었어요? 좀 자세히 얘기해 봐요.

수지 씨가 흰옷 입은 여자 귀신을 분명히 봤다던데요.

글쎄요, 잘못 본 거겠지요. 솔직히 말해서 저는 귀신 같은 거 안 믿어요.

4. 알맞은 단어를 찾아 쓰고 [보기]와 같이 이야기해 보세요.

실망하다	다투다	오해하다	오해를 풀다	화해하다

( ) ( ) ( ) ( ) ( )

보 기

문법과 표현 1 Grammar and Expression 1

1. V-고 보니(까)

track 79

A 저 배우가 김주현 아나운서의 동생이래요.

B 그래요? 듣고 보니 둘이 많이 닮았네요.

예

- 버스에 타**고 보니** 잘못 타서 얼른 다시 내렸어요.
- 처음엔 몰랐는데 알**고 보니** 저분이 지연 씨 아버지시래요.
- 이야기를 듣**고 보니** 네가 화내는 이유를 알겠어. 미안해.

연습 생각한 것과 달랐거나 오해했던 일에 대해 [보기]와 같이 말해 보세요.

1) 알고 보니

2) 듣고 보니

3) 만나고 보니

4) ?

보 기

2. A-(으)ㄴ/V-는 척하다

track 80

A 두 사람이 정말 사귀어요?

B 네, 사랑하는 사이인데 그동안 사귀지 않는 척했대요.

예

- 마음에 안 드는 남자가 만나자고 해서 바**쁜 척했어요**.
- 동생의 이야기를 듣고 재미있**는 척했지만** 사실은 그저 그랬어요.
- 길에서 전에 사귀던 사람을 만났는데 그냥 모**른 척했어요**.
- 학교에 가**는 척하고** 친구들과 여행 간 적이 있어요.

연습 다음 질문에 대답해 보세요.

1) 목욕탕에서 선생님을 만난다면? — 못 본 척하겠어요.

2) 소개팅으로 만난 사람이 마음에 안 든다면? — ?

3) 지각을 자주 해서 혼났는데 오늘 또 지각했다면? — ?

4) 헤어진 애인을 길에서 우연히 만난다면? — ?

5) 산에서 곰을 만난다면? — ?

6) ? — ?

⋮

말하기 1 Speaking 1

track 81

마리코 저 남자 주인공 정말 멋있지 않아요? 신인인데 연기도 잘하고요.

지 연 저 사람이 김주현 아나운서 동생이잖아요.
우연히 누나를 만나러 방송국에 갔다가 감독한테 캐스팅됐대요.

마리코 그래요? 듣고 보니 김주현 아나운서하고 많이 닮았네요.

지 연 그리고 드라마에 함께 나오는 여배우하고 실제로 연인 사이래요.

마리코 네? 둘이 연인 사이라고요?

지 연 네, 사귄 지 꽤 됐는데 인기가 떨어질까 봐 아닌 척하고 있대요.

마리코 그게 정말이에요? 믿어지지 않아요.

지 연 틀림없어요. 벌써 인터넷에 소문이 쫙 나서 모르는 사람이 없어요.

마리코 어쩐지 두 사람의 연기가 너무나 자연스러웠어요.

연습1 친구와 연습해 보세요.

1) 누나를 만나러 방송국에 갔다
듣고 보니
아니다
소문이 쫙 나다

2) 방송국 앞을 지나가다
그러고 보니
안 그렇다
소문이 퍼지다

신인 rookie(new actor) 연기를 잘하다 to be good at acting 캐스팅되다 to be cast in 실제로 in reality 인기가 떨어지다 to lose popularity
어쩐지 somehow

연습2 여러분이 들은 소문에 대해 이야기해 보세요.

가수 유민하고 배우 조빈이 사귄대요.

두 사람이 사귀는 사이라고요?

인기가 떨어질까 봐 그동안 사귀지 않는 척한 거래요.

그게 정말이에요?

네, 인터넷에 소문이 쫙 퍼져서 모르는 사람이 없는걸요.

?

소문	
	가수 유민과 배우 조빈이 사귄다.
	유진과 스티븐이 헤어졌다.
	?

문법과 표현 2 Grammar and Expression 2

1. A/V-다니(요), N(이)라니(요)

track 82

A 전 매운 김치를 못 먹어요.

B 김치를 못 먹다니요? 한국 사람은 누구나 김치를 좋아하는 줄 알았는데요.

예

- 지하철역에서 가까운데 방값이 이렇게 싸**다니요**?
- 민수 씨 결혼식에 못 가**다니요**? 민수 씨가 많이 실망할 텐데…….
- 두 사람이 헤어지**다니**, 믿을 수 없어요.
- 출발 시간이 오전 6시**라니**, 너무 이르지 않아요?

연습 그림을 보고 [보기]와 같이 이야기해 보세요.

보 기

지연 씨 동생이 서울대학교에 합격했대요.

서울대학교에 합격하다니, 정말 기쁘겠네요.

1) 

2) 

3) 

4) 

5) 

6) 

2. N(이)라고 (해서) 다 A-(으)ㄴ/V-는 것은 아니다

track 83

A 한국 사람은 누구나 매운 음식을 좋아하지요?

B 한국 사람이라고 다 매운 음식을 좋아하는 건 아니에요.

예

- 시장**이라고 다** 백화점보다 **싼 것은 아니다.**
- 겨울**이라고 다** 추운 **것은 아니에요.**
- 부자**라고 다** 돈을 잘 쓰는 **건 아니에요.**
- 키 큰 사람**이라고 다** 농구를 잘하는 **건 아니에요.**

연습 [보기]와 같이 이야기해 보세요.

보 기

1) 한국 여자	김치를 담글 수 있다
2) 서울	집값이 비싸다
3) 남대문시장	물건값이 싸다
4) 남자	
5) 영화배우	
6) 운동선수	
7) ?	

말하기 2 Speaking 2

track 84

알리	김치가 아주 맛있는데 왜 안 먹어요?
정우	실은 제가 매운 걸 못 먹어서요. 김치는 안 매운 것만 먹어요.
알리	매운 걸 못 먹다니요? 한국 사람은 누구나 매운 음식을 좋아하지 않아요?
정우	한국 사람이라고 다 매운 음식을 좋아하는 건 아니에요.
알리	그런데 김치는 다 맵지 않아요? 안 매운 것도 있어요?
정우	그럼요. 동치미나 백김치는 하나도 안 매워요.
알리	제가 먹어 본 김치가 다 매워서 매운 음식이라고만 생각했어요.
정우	외국 사람들은 대부분 그렇게 생각해요. 하지만 안 매운 김치도 많아요. 김치 종류가 200가지가 넘어요.
알리	그렇군요. 한국 문화는 알면 알수록 흥미로워요.

연습1 친구와 연습해 보세요.

1) 김치

동치미나 백김치

안 매운 김치도 많다 /
김치 종류가 200가지가 넘다

알다

2) 떡볶이

궁중 떡볶이

간장과 고기를 넣어 만든 떡볶이도 있다 /
원래 궁중에서 왕이 먹던 음식이다

배우다

동치미 radish water kimchi 흥미롭다 interesting 궁중 palace court

연습2 친구가 잘못 알고 있는 여러분 나라의 문화에 대해 [보기]와 같이 이야기해 보세요.

보 기

친구 이름	나라	내 생각	알게 된 것
하나코	일본	일본 사람은 누구나 생선회를 좋아한다.	

출신 origin

듣고 말하기 Listening and Speaking

준비 남자와 여자는 운전할 때 어떻게 다릅니까?

듣기1 잘 듣고 질문에 답하세요. track 85

1) 무엇에 대해서 이야기하고 있습니까?

① 여성 운전자에 대한 사람들의 오해

② 여성 운전자가 주차를 잘 못하는 이유

③ 여성 운전자가 교통사고를 많이 내는 이유

2) 교통사고가 일어나는 이유로 맞지 않는 것을 고르세요.

① 속도를 높여서

② 신호를 지키지 않아서

③ 너무 느리게 운전해서

3) 들은 내용과 맞는 것은 무엇입니까?

① 잘못된 운전 습관 때문에 교통사고가 일어난다.

② 주차하는 방법을 잘 배우면 누구나 운전을 잘할 수 있다.

③ 운전이 서툰 여성이 남성보다 사고를 자주 낸다.

준비 여러분이 알고 있는 건강 상식에 대해 이야기해 보세요.

1) 물을 많이 마시면 마실수록 좋다?

2) 낮잠을 자는 것이 건강에 좋다?

3) 초콜릿은 건강에 나쁘다?

서툴다 to be poor at something

듣기2 잘 듣고 질문에 답하세요. track 86

1) 남자가 질문한 이유는 무엇입니까?
   ① 친구의 건강이 걱정돼서
   ② 퀴즈의 정답을 맞히고 상품을 타고 싶어서
   ③ 자신이 알고 있던 건강 상식이 맞는지 확인하고 싶어서

2) 남자의 눈 건강이 나빠진 이유는 무엇입니까?
   ① 너무 밝은 곳에서 책을 읽었기 때문에
   ② 어두운 곳에서 텔레비전을 봤기 때문에
   ③ 컴퓨터와 스마트폰을 자주 사용했기 때문에

3) 들은 내용과 맞는 것은 무엇입니까?
   ① 물을 많이 마시면 누구나 다 건강해질 수 있다.
   ② 커피를 하루에 2~3잔 정도 마시면 암을 예방할 수도 있다.
   ③ 커피를 많이 마시면 소화가 잘 안되거나 배탈이 날 수 있다.

말하기 다음에 대해 함께 이야기해 보세요.

1. 최근에 들은 소문 중에 가장 놀라운 이야기는 무엇입니까?
2. 오랫동안 사실이라고 믿었는데 알고 보니 사실이 아니라서 놀란 적이 있습니까?
3. 다른 사람에게 오해받은 적이 있습니까?
4. 오해 때문에 친구와 다툰 적이 있습니까?
   그때 오해를 어떻게 풀었습니까?

상식 common sense　암 cancer

읽고 쓰기 Reading and Writing

준비 여러분은 소문을 쉽게 믿는 편입니까?

읽기 다음 글을 읽고 질문에 답하세요.

서동요(서동의 노래)

옛날 백제에 서동이라는 가난하지만 똑똑한 청년이 있었다. 서동은 이웃 나라 신라의 선화 공주가 아름답다는 소문을 듣고 신라에 가서 이런 노래를 퍼뜨렸다.

선화 공주는
몰래 시집을 가서
밤마다 서동을 찾아간대요.

신라의 아이들은 뜻도 모르고 이 노래를 부르며 돌아다녔다. 이 노래는 왕의 귀에까지 들어가게 되었고, 화가 난 왕은 나쁜 소문이 난 공주를 궁에서 내쫓았다.

얼굴도 모르는 서동과의 소문 때문에 궁을 나온 공주는 먼 시골에서 한 남자를 만났다. 그 남자는 공주가 편하게 지낼 수 있도록 도와주었고, 두 사람은 사랑에 빠져서 결혼했다. 선화 공주는 소문을 퍼뜨린 사람이 바로 자신의 남편이라는 사실을 알고 깜짝 놀랐지만 서동에 대한 마음은 변하지 않았다. 선화 공주의 도움으로 공부도 하고 돈도 많이 모은 서동은 후에 백제의 왕이 되었다. 그가 바로 백제를 크게 발전시킨 '무왕'(?~641)이다.

1) 이 글의 내용과 같은 것은 무엇입니까?

① 서동은 왕이 되기 위해서 공주와 결혼했다.

② 선화 공주는 서동이 만든 노래 때문에 궁에서 쫓겨났다.

③ 서동은 공주와의 사랑을 알리기 위해 노래를 만들었다.

2) 이 글을 읽고 알 수 있는 것은 무엇입니까?

① 소문의 힘

② 공주와 결혼하는 법

③ 사랑하는 사람의 마음을 얻는 법

3) 만일 서동이 현대 사회에서 이런 일을 했다면 어떻게 되었을까요?

백제 a dynasty in Three Kingdom era of Korea　청년 young people　신라 a dynasty in Three Kingdom era of Korea　내쫓다 to kick out; to drive out
발전시키다 to cause to develop

쓰기

1) 여러분을 놀라게 한 소문은 어떤 것이었습니까?

- 얼마 전 고향 친구가 ______________________________다는 소문을 들었다.
- 내가 좋아하는 배우가 __________________________라는 소문을 듣고 놀랐다.
- 1년 전 고향에 _____________________________다는 소문이 퍼진 적이 있다.

2) 그 소문을 믿었습니까, 믿지 않았습니까? 그 이유는 무엇입니까?

- 나는 그 소문이 맞는다고 생각했다. 왜냐하면 __________________________기 때문이다.
- 그 소문을 듣고 그럴 리가 없다고 생각했다. 그 이유는 ____________________기 때문이다.

3) 그 소문의 결과는 어땠습니까? 결과를 안 뒤 어떤 생각을 했습니까?

- 하지만/그런데 ____.
- 역시 ____.
- 마침내 ____.

마침내 finally; eventually

4) 위에서 정리한 이야기를 글로 써 보세요.

과제 Task

잘못된 상식을 바로잡는 게임을 해 봅시다.

선생님이 내는 문제를 듣고 맞는지, 틀리는지 생각해 보세요. 틀렸다면 그 이유가 무엇인지 말해 보세요. (퀴즈 문제 → p.239)

교실 앞에 O, X 자리가 있습니다. 맞는다고 생각하면 'O' 자리에, 틀린다고 생각하면 'X' 자리에 서세요.

마지막까지 남은 사람이 이깁니다. 가장 많은 사람이 잘못 알고 있었던 것은 무엇이었습니까?

바로잡다 to straighten out; adjust

문화 산책 Culture Note

준비 소문에 대한 속담을 알고 있습니까?

알아보기 소문에 대한 한국 속담

발 없는 말이 천 리 간다

소문은 멀리까지 퍼진다는 뜻으로, 말을 조심해야 한다는 속담이다.

아니 땐 굴뚝에 연기 날까

그럴 만한 이유가 있기 때문에 소문이 났을 거라는 뜻으로 쓰인다.

낮말은 새가 듣고 밤말은 쥐가 듣는다

비밀로 한 말이라도 반드시 다른 사람이 알게 된다는 뜻으로, 항상 말조심해야 한다는 속담이다.

생각 나누기 여러분 나라에도 소문에 대한 속담이 있습니까?

천 리 1000 Ri　때다 to make a fire　굴뚝 chimney　낮말 day words　밤말 night words　쥐 rat　말조심 caution with words

발음 Pronunciation

낭독 연습 밑줄 친 부분의 발음에 주의하면서 읽어 보세요. track 87

일기 예보

오늘은 전국적으로/ 가을비가 내리겠습니다. 현재 서울과 경기에는/ 약한 비가 내리거나/ 빗방울이 떨어지고 있습니다. 바람까지 강하게 불어/ 올가을 들어 가장 춥겠습니다. 현재 내리고 있는 비의 양은 많지 않으나/ 하루 종일 오겠고/ 밤늦게 그칠 것으로 예상됩니다. 비가 그친 후에는/ 기온이 뚝 떨어져/ 매우 쌀쌀하겠습니다. 강원 북부 지방에는/ 비가 눈으로 바뀌면서/ 첫눈이 내릴 가능성도 있습니다. 오늘 서울 최고 기온은 13도로/ 어제보다 5도 정도 낮고/ 대구 15도, 광주 17도 등으로 예상됩니다. 다음 주부터는/ 기온이 더 떨어져/ 한 자릿수를 나타내겠습니다. 건강 관리에 특히 신경 쓰셔야겠습니다. 지금까지 인터넷으로 알아보는 날씨 정보였습니다.

수상 소감

먼저 저를 축하해 주기 위해서/ 이 자리에 참석하신 많은 분들에게/ 감사의 인사를 전하고 싶습니다. 처음 팀에서 야구를 시작했을 때/ 성적이 별로 좋지 않아서/ 많이 힘들었습니다. 그때마다 잘될 거라고 격려하고 위로해 주신 감독님 덕분에 지금의 제가 있을 수 있었다고 생각합니다. 그리고 부상으로 운동을 포기하고 싶을 때/ 용기를 낼 수 있도록 응원해 준 부모님께도 정말 감사드립니다. 마지막으로/ 항상 즐겁게 운동할 수 있도록/ 힘이 되어 주는 선후배 여러분,/ 진심으로 고맙습니다. 사실 저보다 훌륭한 분들이 많은데/ 제가 우수 선수상을 받게 돼서 죄송한 마음입니다. 내년에도 우리 팀이 꼭 우승해서/ 이 자리에 다시 설 수 있었으면 좋겠습니다. 감사합니다.

자기 평가 Self-Check

1. 아는 단어에 √ 하세요.

□ 소문이 나다	□ 그럴 리가 없다	□ 다투다	□ 우연히
□ 소문이 퍼지다	□ 믿어지지 않다	□ 오해를 풀다	□ 분명히
□ 소문을 퍼뜨리다	□ 틀림없다	□ 화해하다	□ 솔직히

2. 알맞은 것을 골라 대화를 완성하세요.

–다니(요)	–고 보니
–는 척하다	–다고 (해서) 다 –는 것은 아니다

1) A 약속이 취소됐어요.
   B 네? 약속이 ______________________________?

2) A 마이클 씨하고 싸웠다던데 이제 화해했어요?
   B 네, 마이클 씨 말을 ______________________________.

3) A 여자 친구가 해 준 음식이 맛있었어요?
   B 아니요, 하지만 ______________________________.

4) A 한국 사람은 매일 밥을 먹지요?
   B 아니요, ______________________________.

3. 한국어로 할 수 있는 것에 √ 하세요.

□ 소문을 반박할 수 있다.

□ 오해를 바로잡을 수 있다.

□ 편견과 오해에 대해 듣고 말할 수 있다.

□ 서동요를 이해하고 들은 소문에 대해 쓸 수 있다.

모범 답안

2. 1) 취소되다니요 2) 듣고 보니 이해가 됐어요 3) 맛있는 척했어요 4) 한국 사람이라고 해서 다 매일 밥을 먹는 것은 아니에요

번 역 Translation

어휘

소문이 나다	to have a rumor come out
소문을 내다	to start a rumor
소문이 퍼지다	to have a rumor spread
소문을 퍼뜨리다	to spread a rumor
그럴 리가 없다	to have no reason for something; not possible
믿어지지 않다	to be unable to believe
그럴 수 있다	to be possible
틀림없다	to have no doubt
우연히	by chance
자세히	in detail
분명히	clearly
솔직히	frankly; honestly
실망하다	to be disappointed
다투다	to argue
오해하다	to misunderstand
오해를 풀다	to solve a misunderstanding
화해하다	to reconcile

말하기 1

Mariko Isn't the male lead really stylish? He's a new actor but still good at acting.

Jiyeon He is announcer Kim Ju-Hyeon's younger brother, you know. They say that he went to the broadcasting company to meet his older sister and by chance has been casted by the director.

Mariko Is that so? Now that you've mentioned it, he resembles announcer Kim Ju-Hyeon quite a bit.

Jiyeon And they say that in real life he is dating the actress who appears together in the drama.

Mariko Yea? The two of them are dating, you say?

Jiyeon They have been a couple for a while, but they were worried that their popularity would decrease so they pretended not to be dating.

Mariko Is that the truth? I can't believe it.

Jiyeon There's no doubt about it. The rumor that they are a couple appeared all over the Internet, so there isn't anyone who doesn't know.

Mariko I see. Their acting was somehow very natural.

말하기 2

Alli The kimchi is very delicious. Why aren't you having any?

Jeongu It's because I actually can't eat spicy stuff. When it comes to kimchi, I only eat the stuff that's not spicy.

Alli You say you can't eat spicy food? I thought every Korean liked spicy food...

Jeongu Not everyone likes spicy food just because they are Korean.

Alli But aren't all kimchis spicy? Is there one that isn't spicy?

Jeonu Sure. Dongchimi or Baekkimchi is not spicy at all.

Alli After coming to Korea, I've only eaten kimchi that is spicy, so I thought all kimchis are spicy.

Jeongu The majority of foreigners think that. But there are a lot of kimchis that are not spicy. There are over 200 kinds of Kimchi.

Alli Is that so? The more I get to know about Korean culture, the more interesting it is.

18 거울이 깨지고 말았어요
The mirror finally cracked

잘 듣고 이야기해 보세요. track 88

1. 두 사람은 어떤 자리에 앉았습니까?
2. 두 사람은 이 연극에 대해 어떤 이야기를 들었습니까?

학 습 목 표

어 휘	• 연극, 연기 Theatrical play, acting
문법과 표현	• A-다니까(요), V-ㄴ다니까(요)/는다니까(요), N(이)라니까(요) • V-고 말다
읽고 말하기	• 연극 대본 읽기 Reading a script for a play • 대본에 따라 역할극 하기 Role-play following a script
과 제	• 연극하기 Acting

어 휘 Vocabulary

1. 연극에 대해 이야기해 보세요.

연극

무대

관객

대본

대사

고등학교 때 '햄릿'이라는 연극에서 주인공을 맡은 적이 있어요.

"죽느냐 사느냐 그것이 문제다."라는 대사로 유명한 연극 말이죠?

2. 그림을 보고 연극의 내용을 생각해 보세요.

(거울을) 들여다보다

(거울을) 숨기다

(거울을) 빼앗다

(거울을) 깨뜨리다

농부가 거울을 들여다보면서 신기해해요.

3. 연극 대본의 지문이 나타내는 행동을 그림과 연결하고, 여러분은 언제 이런 행동을 하는지 이야기해 보세요.

- 아내: (자고 있던 아내가 ①**벌떡 일어나며**) 여보!

- 농부: (②**깜짝 놀라며**) 어! 아직 안 잤었어요?

- 아내: 당신 지금 뭐 하고 있어요?
- 농부: (③**고개를 가로저으며**) 아니, 아무것도 아니에요.

- 시어머니: (④**소리를 지르며**) 넌 누구냐? 얘야, 여기 늙은 여자가 하나 숨어 있구나.

- 시어머니: (⑤**뒤를 홱 돌아보며**) 여보, 당신 어떻게 된 일이에요?

- 농부: (천천히) 이건 세상 모든 것을 있는 그대로 보여 주는 거울이라는 거예요.
- 시아버지, 시어머니, 아내: (⑥**고개를 끄덕이며**) 우리는 그런 것도 모르고…….

친구의 말이 맞는다고 생각할 때 고개를 끄덕여요.

문법과 표현 1 Grammar and Expression 1

1. A-다니까(요), V-ㄴ다니까(요)/는다니까(요), N(이)라니까(요)

track 89

A 이 거울에 보이는 사람이 저라고요?

B 그렇다니까요. 정말 신기하지요?

예

- 영화가 참 재미있네요. – 그것 봐요, 재미있**다니까요**. 이 영화 보길 잘했지요?
- 알리 씨는 김치를 참 잘 먹네요. – 네, 외국 사람인데도 김치를 정말 좋아**한다니까요**.
- 너하고 줄리앙하고 사귀는 거 맞지? – 아니**라니까**.
- 내 동생은 게임을 너무 좋아해서 눈만 뜨면 게임을 **한다니까**.

연습 다음과 같이 이야기해 보세요.

보 기

손가락만 한 원숭이가 있대.

에이, 말도 안 돼.

여기 봐. 정말 있다니까.

1) 

손가락만 한 원숭이가 있다.

2) 

이 핸드백이 자동차보다 비싸다.

3) 

2,000명 이상 먹을 수 있는 비빔밥이 있다.

4) 

치타는 100미터를 3.2초에 달린다.

(눈을) 뜨다 to open (the eyes) 치타 cheetah

2. V-고 말다

track 90

A 거울이 깨지고 말았으니 이제 아무것도 볼 수 없게 되었어요.

B 나는 그런 것도 모르고…….

예

- 윷놀이를 했는데 우리 팀이 지**고 말았어요**.
- 오늘 중요한 회의가 있었는데 지각하**고 말았어요**.
- 서둘러서 공항에 갔지만 결국 비행기를 놓치**고 말았다**.
- 아무리 기다려도 친구가 오지 않아서 그냥 돌아오**고 말았습니다**.

연습 [보기]와 같이 친구들과 이야기해 보세요.

보기

1) 동생은 시험에 합격했어요?

2) 요즘도 영어를 공부하고 있어요?

3) 경기에서 우리 팀이 이겼어요?

4) 어제 밤새도록 공부했어요?

5) ?

툭하면 easily; often

읽고 말하기 Reading and Speaking

거 울

때 옛날
곳 서울의 시장, 시골집
나오는 사람 농부, 농부의 아내, 농부의 아버지, 농부의 어머니, 가게 주인

I. (집 마루, 밤) 농부와 농부 아내가 마루에 앉아 달을 보며 이야기하고 있다.

농부 아내 여보, 이번에 서울 가면 빗 좀 사다 주세요.
농 부 빗? 어떻게 생긴 걸로 살까요?
농부 아내 저기 저 반달처럼 생긴 게 좋겠어요.
농 부 알았어요. 일이 끝나면 시장에 가서 하나 사 올게요.

II. (집 마당, 아침)

농 부 달, 달, 달 모양이라고 그랬지? 알았어요. 그럼 갔다 올게요.
농부 아내 조심해서 다녀오세요.
(혼잣말로) 서울에는 예쁜 여자가 많다는데 우리 남편에게
아무 일도 없어야 할 텐데…….

마루 floor 빗 comb 반달 half-moon

Ⅲ. (시장의 어떤 가게 앞) 하늘에는 보름달이 떠 있다.

농　　부　(혼잣말로) 달처럼 생긴 걸 사 오라고 했는데…….
아, 이게 달처럼 동그랗게 생겼네. 아저씨, 이 동그란 물건이 뭐예요? 여자들이 쓰는 거 맞아요?

가게 주인　아, 이거요? 거울이라는 건데 아주 신기해요.
(농부에게 거울을 보여 주며) 한번 보세요.

농　　부　거울요? 어디 좀 봐요. (거울을 들여다보자마자 깜짝 놀라며)
아니, 이 속에 웬 남자가 있네요. 이 사람이 누구예요?

가게 주인　그 사람이 바로 손님이에요.

농　　부　네? 이게 제 얼굴이란 말이에요?

가게 주인　그렇다니까요. 손님 얼굴이 그렇게 생겼어요.

농　　부　내가 이렇게 생겼다니……. 참 신기하네.
(이리저리 보며 재미있어한다.)

가게 주인　싸게 드릴 테니까 하나 사세요.

농　　부　그럼 하나 주세요. (돈을 내고 거울을 산다.)

가게 주인　깨지기 쉬우니까 조심해서 잘 가져가세요.

농　　부　네, 많이 파세요. (집으로 돌아간다.)

신기하다 to be amazing　웬 some　바로 exactly; immediately

Ⅳ. (집 안방) 아내가 잠자고 있다. 농부는 아내가 자고 있는지 확인하고 장롱 속에 숨겨 둔 거울을 꺼내 들여다본다.

농부 이거 정말 신기하네. 내 얼굴을 볼 수 있다니. 며칠 후면 아내 생일이니까 선물로 줘야겠다. 그때까지 몰래 숨겨 둬야지.
(거울을 보며 혼자 웃는다.)

아내 (이때 아내가 벌떡 일어나며) 여보! 당신 지금 뭐하고 있어요? 당신은 내가 자는 줄 알았지요? 당신이 날마다 그걸 보고 혼자 좋아해서 오늘은 내가 자는 척하고 있었어요. 도대체 그게 뭐예요? 나도 좀 봐요. (아내는 거울을 빼앗으려 한다.)

농부 아니, 아니, 이거 아무것도 아니에요. 아무것도 아니라니까!

아내 (거울을 빼앗아 들여다보고) 아니, 이건 젊은 여자 아니에요? 당신이 서울에서 여자를 데리고 와서 이 속에 숨겨 놓았군요. 아이고, 이럴 수가!
(아내는 울면서 거울을 들고 시어머니 방으로 뛰어간다.)

Ⅴ. (어머니 방)

아내 어머니! 글쎄, 저 사람이 지난번에 서울에 갔다가 젊은 여자를 데리고 왔어요. 그 여자가 바로 이 속에 숨어 있어요. 좀 보세요, 어머니.

장롱 closet; wardrobe 도대체 why in the world 시어머니 mother-in-law

어머니	뭐라고? 젊은 여자라고? 어디 보자. (며느리에게서 거울을 빼앗아 본다.) 아니, 넌 누구냐? 어서 나오지 못해? 아이고, 이걸 어떡해! 얘야, 이건 네 남편이 데리고 온 여자가 아니라 네 시아버지의 여자구나. (자고 있는 남편을 깨우며) 여보, 당신 어떻게 된 거예요? 언제 이 늙은 여자를 집에 데려다 놓았어요? 누구예요? 빨리 말해요!
아버지	뭐라고? 내가 늙은 여자를 데려왔다고? 어디 좀 봅시다. (거울을 본다.) 아니, 이건 늙은 영감 아니오? 당신 언제부터 나 몰래 이 영감을 만났소? 어떤 놈이오?
아 내	아니에요, 아버님! 그 속에는 젊은 여자가 있어요.
어머니	젊은 여자라니? 아니야, 늙은 여자가 나한테 소리를 질렀어. (서로 거울을 빼앗으려고 하다가 바닥에 떨어뜨린다.)
농 부	아휴, 이걸 어쩌나……. (천천히) 이건 세상 모든 것을 그대로 보여 주는 거울이라는 거예요. 아버지가 보면 아버지 얼굴, 어머니가 보면 어머니 얼굴, 그리고 당신이 보면 당신 얼굴이 보이는 신기한 물건이란 말이에요. 이제 깨뜨리고 말았으니 아무것도 볼 수 없게 되었어요.
모두들	(고개를 끄덕이며) 우리는 그런 것도 모르고…….

며느리 daughter-in-law　영감 old man　놈 guy　바닥 floor

연습1 이야기를 읽고 질문에 대답해 보세요.

1) 아내는 무엇을 사다 달라고 했습니까? 그것은 어떤 모양입니까?
2) 농부는 시장에서 뭘 사 왔습니까? 그 물건은 어떤 물건입니까?
3) 아내가 사다 달라고 한 물건과 농부가 사 온 물건은 어떻게 다릅니까?
4) 농부는 왜 거울을 장롱 속에 숨겨 두었습니까?
5) 농부의 아내, 어머니, 아버지는 거울 속에 누가 있다고 생각했습니까?
6) 거울은 결국 어떻게 되었습니까?

연습2 대본을 보면서 연기하듯이 읽어 보세요.

연습3 농부와 농부 아내, 농부와 가게 주인이 되어 역할극을 해 보세요.

연습4 다음 이야기를 완성해 보세요.

여보, 당신 지금 뭐 하고 있어요?
______________________________.

이거 아무것도 아니에요. __________
______________________________.

어머니, 이것 좀 보세요. 글쎄, __________
______________________________.

아이구, 이걸 어떡해. 얘야, 이건 __________
______________________________.

당신 이게 어떻게 된 일이에요?
______________________________.

아니, 여보. 이건 웬 __________
______________________________.

아니, 이게 웬일이야!
이건 세상 모든 것을 그대로 __________
______________________________.

우리는 __________
______________________________.

과제 Task

친구들과 연극을 해 보세요.

5명이 한 팀이 되어 역할을 정해 보세요.

가게 주인 | 농부 | 아내 | 어머니 | 아버지

대본을 외워서 연극 연습을 해 보세요.

무슨 상을 주면 좋을지 친구들과 정한 뒤, 연기를 제일 잘한 친구에게 상을 주세요.

무엇이든지 잘 파는 가게 주인 상	소리를 잘 지르는 시어머니 상	?	?

자기 평가 Self-Check

1. 아는 단어에 ✓ 하세요.

☐ 무대	☐ 소리를 지르다	☐ 들여다보다
☐ 대본	☐ 벌떡 일어나다	☐ 숨기다
☐ 대사	☐ 고개를 가로젓다	☐ 깨뜨리다
☐ 관객	☐ 고개를 끄덕이다	☐ 빼앗다

2. 알맞은 것을 골라 대화를 완성하세요.

> –다니까(요), –ㄴ다니까(요)/는다니까(요)　　　–고 말다

1) A 두 사람은 언제부터 사귀기 시작했어요?
   B 사귀는 사이가 ______________________. 우리는 그냥 친구 사이예요.

2) A 드라마가 어떻게 끝났어요? 두 사람이 결혼했지요?
   B 아니요, 두 사람이 부모님의 반대로 ______________________.

3. 한국어로 할 수 있는 것에 ✓ 하세요.

☐ 한국어 연극 대본을 읽을 수 있다.
☐ 한국어로 연극을 할 수 있다.
☐ 연극을 보고 감상을 말하거나 평가할 수 있다.

모범 답안

2. 1) 아니라니까요　2) 헤어지고 말았어요

번 역 Translation

어휘

연극	play; drama
무대	stage
관객	audience
대본	script
대사	lines; dialogue
들여다보다	to look into
숨기다	to hide
빼앗다	to take; steal
깨뜨리다	to break; destroy
벌떡 일어나다	to stand straight up
깜짝 놀라다	to be suddenly startled
고개를 가로젓다	to shake one's head
소리를 지르다	to scream; shout
홱 돌아보다	to look back quickly/sharply/suddenly
고개를 끄덕이다	to nod one's head

The Mirror

Time	Long ago
Location	A market in Seoul, a rural house
Characters	Farmer, Farmer's Wife, Farmer's Father, Farmer's Mother, Store Owner

I. (On the house porch at night) Farmer and Farmer's Wife lie on the porch looking up at the moon and talking.

Farmer's Wife Dear, when you go to Seoul this time, buy me a comb.

Farmer A comb? What sort of comb should I buy for you?

Farmer's Wife Buy me one that is shaped like that half-moon in the sky.

Farmer Alright. When I'm finished with my work, I'll go to the market and buy you one.

II. (At the house yard in the morning)

Farmer Moon, moon, moon, shaped you said? Alright, I'll go and be back.

Farmer's Wife Travel carefully. (To herself) Ah, there are a lot of attractive women in Seoul, nothing must happen to my husband...

III. (In front of a market store) A full moon hangs in the night sky.

Farmer (To himself) She said to buy her one shaped like a half-moon... Ah! This one looks right. It's round, like the moon. Mister, what is this round item? This is used by women, right?

Store Owner Ah, this? This is called a mirror. It's a new product and quite fantastic. (Holding the mirror in front of his face) Have a look.

Farmer A mirror? Let me have a look. (Receiving the mirror from the store owner and looking into it carefully, then becoming very surprised) Hey, there's a man inside. Who is this person?

Store Owner That's you.

Farmer What are you talking about? This is my face you say?

Store Owner Ah, that's what I'm saying. That's what your face looks like.

Farmer I look like this... it's quite amazing. (Looking this way and that way at his face with amusement)

Store Owner I'll give you a special cheap price. Buy one and take it home.

Farmer I'll have one then. (He pays and takes the mirror)

Store Owner It's fragile so be careful with it while you travel.

Farmer Yes, I will. Have a profitable day. (He heads toward home)

IV. (At home in the bedroom) Farmer's Wife is sleeping. The Farmer confirms that his wife is asleep. The Farmer removes the mirror he had hidden in the wardrobe and looks into it.

Farmer This is really amazing. I can see my face. It's the wife's birthday in a few days, I'll have to give this to her then. Until then, I will hide it. (Smiling to himself looking at the mirror)

Farmer's Wife (She wakes and sits straight up) Dear! What are you doing? You thought I was asleep, didn't you? You have been looking at that alone every day now, so today I pretended to be asleep. What in the world is that? Let me have a look at it too. (She tries to take the mirror)

Farmer No, no, this isn't anything. It's nothing at all, I say.

Farmer's Wife (Having taken the mirror and looking into it) Look, isn't this a young woman? You went to Seoul and brought yourself back a young woman, I see. And you have been hiding her in here, and you have been looking at her when I'm not here! How can this be? (She runs up to her mother-in-law's room taking the mirror)

V. **(In Farmer's Mother's room)**

Farmer's Wife	Mother, have a look at this. He went to Seoul last time and brought himself back a young woman. She is hiding right inside this. Have a look, Mother.
Farmer's Mother	What is it you say? A young woman? Let's have a look. (She takes the mirror from her daughter-in-law and looks into it) No, what is this? Who's that woman? You won't come out of there? What should we do about this? This isn't a woman brought home for your husband, she is one for your father-in-law, I see. (Waking up her husband) Dear, what are you up to? Why have you brought an old woman home without me knowing, dear? Who is she? When did you bring her here? Tell me, quickly.
Farmer's Father	What did you say? I brought an old woman home? Let me have a look. (He looks in the mirror) No, Dear! What is this old man? When did you start meeting this old man without telling me? Who is this guy?
Farmer's Wife	No. Father, that's not what happened. There is a young woman in there.
Farmer's Mother	A young woman, you say? No it wasn't, an old woman yelled at me.
Farmer	No, what's going on? (Everybody grabs at the mirror. The mirror falls to the floor and cracks) Arrg. Now we can't look in the mirror. This valuable mirror has cracked. (Slowly) This is called a mirror, it shows us exactly what everything in the world looks like. If father looks at it, it shows his face. If mother looks at it, it shows her face. And if you look at it dear, it shows your face. It's an amazing thing, is what I'm saying. Now it's been broken, so we can see nothing in it at all.
Father, Mother, Wife	(Nodding) We didn't know...

부록 Appendix

활동지 Activity Sheets

10과 과제

p.39

[상황 카드]

1	놀이공원	카페	도서관	마트	길
	소개팅	동아리	버스	미팅	?
2	아르바이트 하다	춤을 추다	데이트하다	책을 읽다	운동하다
	커피를 마시다	넘어지다	교통사고가 나다	?	?
3	마음씨가 착하다	생각이 잘 통하다	인상이 좋다	매력이 있다	?
4	부모님의 반대	성격 차이	유학	동아리 선배/후배	?
5	회사	친구 결혼식장	지하철 안	선을 보다	?
6	작년 여름, 제주도에 여행 가서	새해, 해가 뜨는 것을 보면서	내 생일, 사람들이 많은 거리에서	크리스마스, 명동에서 만나서	?

[역할 카드]

회사 담당자 카드

회사 이름 :	
업　　무 :	
근무 조건	연　　봉 :
	근무 시간 :
	승진 기회 :
	휴　　가 :
	기　　타 :

지원자 카드

회사 이름	①	②	③	④	⑤
업　　무					
연　　봉					
근무 시간					
승진 기회					
휴　　가					
기　　타					

12과 과제

p.87

[자세 그림]

[활동 카드]

201호 학생

내일 아침에 아주 중요한 시험이 있어서 지금 잠을 자지 않으면 안 된다. 그런데 옆집에서 파티를 하는 모양이다. 너무 시끄러워서 잠을 잘 수가 없다.

202호 학생

같이 공부하던 친구가 내일 귀국한다. 친구와 헤어지는 게 너무 슬프다. 친구들과 우리 집에 모여서 막 송별회를 시작했는데 옆방 친구가 찾아왔다.

세탁소 손님

세탁소에 며칠 전에 맡겼던 셔츠를 찾아 왔다. 집에 와서 보니까 여기 저기 색깔이 변했다. 내가 제일 아끼는 옷이다. 내일 면접시험 보러 갈 때 입고 가려고 했는데 큰일이다.

세탁소 주인

아내가 아파서 빨리 병원에 데리고 가야 한다. 세탁소 문을 닫으려고 하는데 아까 옷을 찾아간 손님이 다시 와서 옷에 문제가 있다고 한다. 빨리 가야 하는데 큰일이다.

원룸에 사는 유학생 (403호)

나는 고양이를 키우고 있다. 유학 생활하면서 너무 외로워서 가족처럼 아끼는 고양이다. 그런데 주인이 내가 고양이를 키우는 걸 알고 화가 많이 나서 찾아왔다.

원룸 주인

나는 고양이를 싫어한다. 그런데 오늘 4층에 사는 학생이 몰래 고양이를 키우고 있다는 것을 알았다. 만약 고양이를 키우는 것을 알았다면 방을 빌려주지 않았을 것이다.

편의점 손님

나는 돈을 아껴 쓰고 항상 가계부를 쓴다. 그런데 오늘 가계부를 쓰면서 계산해 보니까 돈이 5,000원이나 모자란다. 아까 편의점에서 물건을 샀는데 아무래도 편의점 직원이 거스름돈을 잘못 준 것 같다.

편의점 직원

나는 편의점에서 아르바이트를 한다. 성격이 꼼꼼해서 실수한 적이 없다. 그런데 아까 물건을 사 간 손님이 와서 내가 거스름돈을 잘못 줬다고 한다. 분명히 제대로 준 것 같은데…….

원룸에 사는 학생 (301호)

지금은 추운 겨울이다. 그런데 방 보일러가 고장 나서 난방도 안 되고 따뜻한 물도 안 나온다. 지난번에도 보일러에 문제가 있어서 고쳤는데 또 고장이 났다. 너무 춥고 샤워도 할 수 없어서 불편해 죽겠다.

원룸 주인

301호 보일러가 또 고장 났다. 다른 방은 아무 문제가 없는데 301호 학생이 보일러 관리를 잘 못했기 때문이다. 벌써 두 번이나 고쳐 줬기 때문에 이번에는 고쳐 줄 수 없다.

16과 과제 p.183

[사물 그림]

17과 과제 p.207

[퀴즈 문제]

1. 날씨가 추우면 감기에 걸린다. (X) (바이러스 때문이다.)
2. 하루에 8시간은 꼭 잠을 자야 한다. (X) (수면의 질이 중요하다.)
3. 술을 마시면 체온이 올라간다. (X) (오히려 떨어진다.)
4. 사막에서 물이 없어서 죽은 사람보다 물에 빠져 죽은 사람이 더 많다. (O)
   (사막의 폭우 때문에 죽은 사람이 더 많다.)
5. 고래 등에서 나오는 것은 바닷물이다. (X) (공기가 나와 액화된 것이다.)
6. 어두운 곳에서 글을 읽으면 눈이 나빠진다. (X) (직접 상관은 없다.)
7. 고양이는 가지고 놀기 위해서 쥐를 잡는다. (O) (메뚜기, 지렁이를 더 좋아한다.)
8. 임신 중에 커피를 마시면 아기에게 나쁘다. (X) (근거가 없다.)
9. 담배를 피우면 살이 빠진다. (X) (오히려 복부 비만이 생긴다.)
10. 술을 마시면 잠을 잘 잘 수 있다. (X) (깊은 잠을 잘 수 없다.)
11. 맥주를 마신다고 살이 찌는 것은 아니다. (O) (안주 때문에 살이 찐다.)
12. 스트레칭은 운동을 한 후에 하는 게 좋다. (O) (근육 결합 효과가 있다.)
13. 나이가 들수록 살이 찐다. (X) (운동 부족으로 살이 찐다.)
14. 과일은 많이 먹어도 살이 안 찐다. (X) (칼로리가 높다.)
15. 눈이 좋아지려면 당근을 많이 먹어야 한다. (X) (소량으로 충분하다.)

문법 해설 Grammar Extension

10과

1. A/V-던

p.26

과거의 상태나 행동을 회상하여 말할 때 사용한다. Used when thinking back on past events and speaking about them.

형용사, 동사와 결합한다. Combines with adjectives and verbs.

	받침 X	받침 O
형용사	싸다 → 싸**던**	있다 → 있**던**
동사	마시다 → 마시**던**	먹다 → 먹**던**

예) 여름에는 싸**던** 과일이 겨울이 되니까 비싸졌다.
지하철 역 앞에 있**던** 떡볶이 가게가 문을 닫았어요.
유학 생활하면서 자주 먹**던** 싸고 맛없는 음식도 지금 생각하니 그립다.

과거의 행동이 완료되지 않고 중단되었다는 것을 나타낼 때 사용한다. Used when a past action remains unfinished.

예) 어제 하**던** 이야기를 계속해 봐.
마시**던** 우유를 냉장고에 안 넣으면 어떡해?
내가 쓰**던** 연필이 어디 있는지 아무리 찾아도 안 보이네요.

'V-던'과 'V-(으)ㄴ'(2급 2과)와의 비교 Compare 'V-던' to 'V-(으)ㄴ'(Level 2 Unit 2)

V-던	V-(으)ㄴ
• 과거에 시작했지만 완료되지 않은 행동을 나타낸다. Used when referencing past actions that have started and can continue because they are not yet complete. 예) 어제 먹**던** 수박을 냉장고에 넣었다. (어제 수박을 먹다가 남아서 냉장고에 넣었다.) I put the watermelon I was eating yesterday into the refrigerator. (I ate some watermelon yesterday but did not finish it, and put the rest into the refrigerator.) • The action of eating the watermelon can continue. • 과거에 자주 한 행동을 나타낸다. Used for frequent past actions. 예) 어렸을 때 먹**던** 수박이 요즘 수박보다 더 맛있었다. (어렸을 때 수박을 여러 번 먹었는데 그 수박이 요즘 먹는 수박보다 더 맛있었다고 생각한다.) The watermelon I ate as a child was more delicious than watermelon nowadays. (I ate watermelon a number of times when I was young, and I think that watermelon was more delicious than the watermelon I eat nowadays.)	• 과거에 완료된 행동을 나타낸다. Used when referencing past actions that are complete, and can not continue. 예) 어제 내가 먹**은** 과일은 수박이다. (어제 나는 수박을 먹었다.) The fruit I ate yesterday was a watermelon. (I ate a watermelon yesterday.) • The action of eating the watermelon ended yesterday, and cannot continue.

2. A/V-잖아(요)

p.27

듣는 사람이나 다른 사람들도 알고 있는 것을 확인하거나 상대방이 잘 기억하지 못하는 것을 알려 줄 때 사용한다.
Used when confirming that someone knows something that they are assumed to know, or when reminding someone of something that they are assumed to not remember.

형용사, 동사와 결합한다. Combines with adjectives and verbs.

	받침 X	받침 O
형용사	싸다 → 싸**잖아요**	있다 → 있**잖아요**
동사	마시다 → 마시**잖아요**	먹다 → 먹**잖아요**

예) 부산에 갈 때는 KTX를 타고 가는 게 어때요? KTX가 빠르고 편하**잖아요.**
우산을 가지고 가세요. 비가 오**잖아요.**
삼겹살은 안 돼요. 알리 씨는 돼지고기를 못 먹**잖아요.**
민수 씨와 함께 가면 걱정 없어요. 전에 태권도 선수였**잖아요.**

구어체 표현이다. Spoken language form of expression.

일반적으로 친구 관계나 친한 사이에서 쓰거나 말하는 사람보다 아랫사람에게 쓴다. 윗사람에게 쓰면 가르치는 듯한 느낌을 줄 수 있으므로 조심해야 한다. Used with friends or to subordinates. Do not use to elders or superiors.

'A/V-잖아요'와 'A/V-거든요'(3급 6과)의 비교 Compare 'A/V-잖아요' to 'A/V-거든요'(Level 3 Unit 6)

A/V-잖아요	A/V-거든요
• 상대방도 알고 있는 이유를 말할 때 사용한다. Used when providing a reason for a situation to the listener, when that reason is already known by the listener. 예) 이번 달엔 생활비가 모자라요. 텔레비전이 고장 나서 새로 샀**잖아요.**	• 상대방은 모르고 나만 아는 이유를 말할 때 사용한다. Used when informing the listener about a reason for a situation, when that reason is not known by the listener. 예) 내일은 공항에 가야 해요. 부모님이 오시**거든요.**

3. V-(으)ㄹ 생각[계획, 예정]이다

p.30

앞으로의 생각이나 계획을 말할 때 쓴다. Used when talking about future thoughts or plans.

동사와 결합한다. Combines with verbs.

	받침 X	받침 O
동사	결혼하다 → 결혼**할 생각이다**	읽다 → 읽**을 생각이다**

예) 내 친구는 평생 결혼은 안 하고 연애만 **할 생각이라고** 한다.
유학을 마치고 고향에 돌아가면 취직을 **할 생각입니다.**
건강이 나빠져서 앞으로는 몸에 좋은 음식만 먹**을 생각이다.**
오늘은 속이 안 좋아서 회식 자리에서 술을 안 마**실 생각이에요.**

'-(으)ㄹ 예정이다'는 이미 정해져서 구체화된 미래의 일에 대해 말할 때만 쓴다. '-(으)ㄹ 예정이다' is only used when talking about specific set future event.

예) 내년 3월부터 한국전자에 다**닐 예정이에요.**

4. V-(으)려면 멀었다

p.31

말하는 시점에서 앞으로 하려고 하는 어떤 일이 일어나기까지 많은 시간이 남았을 때 쓴다.
Used when talking about an action that will occur at a time perceived as distant.

동사와 결합한다. Combines with verbs.

	받침 X	받침 O
동사	가다 → 가**려면 멀었다**	먹다 → 먹**으려면 멀었다**

예) 남자 친구가 군대에 간 지 얼마 안 됐다. 제대하**려면** 아직 **멀었다**.
내 꿈은 세계적으로 유명한 큰 회사를 만드는 것이다. 꿈이 이루어지**려면** 아직 **멀었다**.
내 동생은 아직 초등학생이다. 어른이 되**려면 멀었다**.
박사 과정 마지막 학기인데 논문 쓰기는 시작도 못 했다. 논문을 다 쓰**려면** 아직 **멀었다**.

11과

1. V-이/히/리/기/우-(사동)

p.50

사동의 의미를 나타내며 주어가 목적어에 직접 어떤 행동을 할 때 사용한다.
Used when the subject directly causes an action to happen to a direct or indirect object.

동사와 결합한다. Combines with verbs.

이	히	리	기	우
먹다 – 먹**이**다 죽다 – 죽**이**다 붙다 – 붙**이**다 끓다 – 끓**이**다 보다 – 보**이**다	읽다 – 읽**히**다 입다 – 입**히**다 앉다 – 앉**히**다 눕다 – 눕**히**다 맞다 – 맞**히**다	살다 – 살**리**다 알다 – 알**리**다 돌다 – 돌**리**다 울다 – 울**리**다	벗다 – 벗**기**다 신다 – 신**기**다 웃다 – 웃**기**다 맡다 – 맡**기**다 감다 – 감**기**다 씻다 – 씻**기**다	자다 – 재**우**다 서다 – 세**우**다 타다 – 태**우**다 쓰다 – 씌**우**다 깨다 – 깨**우**다

예) 의사가 환자에게 약을 먹**였**어요.
고양이가 쥐를 죽**였**어요.
선생님이 학생들에게 책을 읽**혔**어요.
엄마가 아이에게 따뜻한 옷을 입**혔**어요.
그 의사 선생님이 죽어가던 환자를 살**렸**어요.
선생님이 학생들에게 시험 결과를 알려 주**셨**어요.
제가 친구의 모자를 벗**겼**어요.
엄마가 아이에게 양말을 신**겼**어요.
엄마가 아이를 재**워**요.
경찰이 신호를 어긴 차를 세**웠**어요.

사동사는 다음과 같은 문장에서 쓰인다. Use causatives as follows.

(1) N1이 N2를 V-이/히/리/기/우-	예) 어제 제가 모기를 죽**였**어요. 그 코미디언이 사람들을 잘 웃**겨**요. 택시 기사가 (택시에) 손님을 태**워**요.
(2) N1이 N2에게 N3을 V-이/히/리/기/우-	예) 동생이 고양이에게 우유를 먹**여**요. 간호사가 환자에게 환자복을 입**혔**어요. 엄마가 출근할 때 옆집 아주머니에게 아이를 맡**겨**요.
(3) N1이 N2의 N3을 V-이/히/리/기/우-	예) 어머니가 아이의 손을 씻**겨**요. 누나가 동생의 신발을 벗**겼**어요. 미용사가 손님의 머리를 감**겨** 주었어요.

사동사는 다른 사람에게 일을 시키는 것이므로 '-어 주다'를 덧붙여서 사용할 때가 많다. Often used with '-어 주다' when doing something for someone else, or when asking someone to do something for you.

예) 보**이**다 - 보**여 주다**　　먹**이**다 - 먹**여 주다**
　태**우**다 - 태**워 주다**　　빗**기**다 - 빗**겨 주다**
　여권을 보**여 주세요**.
　제가 동생에게 우유를 먹**여 줬어요**.
　자전거에 저를 좀 태**워 주세요**.
　어머니는 아침마다 제 머리를 빗**겨 주셨어요**.

동사에 '-이/히/리/기/우-'를 붙여서 모두 사동사를 만들 수 있는 것은 아니다. '-이/히/리/기/우-' 이외에도 'V-게 하다'를 붙여서 사동사를 만들 수 있다. (☞ 3급 15과 참고)
Not all causative verbs are made with '-이/히/리/기/우-'. '-게 하다' is used to make verbs causative. (See Level 3 Unit 15)

2. A-다면, V-ㄴ다면/는다면, N(이)라면

p.54

어떠한 사실을 가정하여 그 조건에 따른 행위를 하거나 그러한 상태에 있음을 나타낼 때 쓴다. Used when hypothesizing about a potential situation or condition, and what action or state would occur 'if' that was the situation or condition.

형용사, 동사, 명사와 결합한다. Combines with adjectives, verbs, and nouns.

	받침 X	받침 ○
형용사	착하다 → 착하**다면**	어렵다 → 어렵**다면**
동사	오다 → **온다면**	먹다 → 먹**는다면**
명사	부자 → 부자**라면**	방학 → 방학**이라면**

예) 내가 돈이 많**다면** 어려운 사람들을 도와주겠어요.
　만약 아르바이트를 못 구한**다면** 휴학해야 할지도 몰라요.
　만약에 내가 너**라면** 그 사람한테 좋아한다고 고백할 거야.

과거의 일을 가정할 때에는 '-았다면/었다면'을 쓴다. Use '-았다면/었다면' when hypothesizing about a past event.

예) 여행 갔을 때 날씨가 나**빴다면** 재미있게 놀지 못했을 거예요.
　만일 그때 그 여자랑 결혼**했다면** 지금쯤 아이가 초등학생일 텐데…….

'-다면' 앞에 '만약(에)' 또는 '만일(에)'를 함께 사용하면 의미가 강조된다. When '만약(에)' or '만일(에)' is used in front of '-다면', the meaning is emphasized.

예) **만약에** 이번에도 취직을 못 **한다면** 가족들이 많이 실망할 거예요.

'-다면'과 '-(으)면'(1급 15과)의 비교 Compare '-다면' to '-(으)면'(Level 1 Unit 15)

-다면	-(으)면
• 실현 가능성이 낮거나 사실이 아닐 경우에 많이 쓴다. Used often when a situation is considered unlikely to occur or unrealistic. 예) 하와이에 눈이 **온다면** 바닷가에서 눈사람을 만들겠어요. (○) 봄이 **온다면** 꽃이 필 거예요. (X)	• 실현 가능성이 높을 경우에 주로 쓴다. Used mainly when a situation is considered likely to occur. 예) 내일 눈이 오**면** 축구하지 말자. (○) 하와이에 눈이 오**면** 축구하지 말자. (X)

3. 무엇이든(지), 무슨 N(이)든(지)

p.55

여러 가지 중에서 어느 것을 선택해도 상관이 없음을 나타낼 때 쓴다.
Used when selecting between a variety of options, to express that the choice between them does not matter.

명사와 결합한다. Combines with nouns.

	받침 X	받침 O
명사	언제 → 언제**든지**	무슨 일 → **무슨** 일**이든지**

예) 신입 사원 스도 마리코입니다. **무슨** 일**이든지** 시켜 주십시오.
저는 **무엇이든지** 다 잘 먹으니까 유진 씨가 먹고 싶은 걸로 먹어요.
우리 어머니는 요리하는 걸 좋아하셔서 **무슨** 음식**이든지** 잘하세요.

'무엇이든지' 외에 '언제든지', '어디든지', '누구든지', '얼마든지', '어디에서든지'로도 사용할 수 있다. '언제든지', '어디든지', '누구든지', '얼마든지', or '어디에서든지' are also used to express that the 'time', 'location', 'person', 'amount', or 'location of an action', does not matter.

예) 이 책은 **어디에서든지** 살 수 있어요.
궁금한 게 있으면 **언제든지** 연락하세요.

'어떤', '어느'와 결합한 형태로도 많이 사용하는데 그 쓰임이 제한적이다. Often used with '어떤' or '어느' only in very restricted contexts.

예) 저는 **어떤** 영화**든지** 다 괜찮으니까 민수 씨가 보고 싶은 영화로 정하세요.
그 식당 음식은 **어느** 것이**든지** 다 맛있어서 인기가 많아요.

12과

1. V-았더니/었더니

p.74

과거에 한 행동 다음에 일어난 상황이나 결과를 표현할 때 쓴다. 주로 선행절의 내용이 후행절의 원인이 된다. Used when expressing the result or situation that occurs after a past action. Most often, the past action is the cause of the result.

동사와 결합한다. Combines with verbs.

	ㅏ, ㅗ	하다	ㅓ, ㅜ, ㅣ 등
동사	가다 → **갔더니**	하다 → **했더니**	먹다 → 먹**었더니**

예) 아침에 일찍 학교에 **갔더니** 아무도 없었다.
겨울에 동물원에 **갔더니** 동물이 별로 없었다.
바나나 껍질로 가죽점퍼를 닦**았더니** 얼룩이 생겼다.
딱딱한 의자에 오래 앉아 있**었더니** 허리가 아프다.
언니 몰래 언니 옷을 입고 나**갔더니** 언니가 화를 냈다.

선행절과 후행절의 주어는 서로 다르다. Each clause has a different subject.
예) (동생이) 머리가 아파서 병원에 **갔더니** (의사가) 귓속에 벌레가 들어가서 그런 거라고 했다.

보통 선행절의 주어는 1인칭이 되는 경우가 많다. The subject doing the past action is often 1st person.
예) (내가) 교과서를 사러 **갔더니** (책이) 다 팔리고 없었다.

+ 자신의 상태를 나타낼 때는 후행절의 주어가 1인칭이 될 수 있다. When the first person subject is included in the situation or result, the second clause can have the same subject.

예) (내가) 등산을 오래 **했더니** (내가) 피곤했다.

+ '-았더니/었더니'와 '-더니(3급 7과)'와의 비교 Compare '-았더니/었더니' to '-더니'(Level 3 Unit 7)

-았더니/었더니	-더니
• 선행절에서 한 행동 다음에 오는 결과를 표현한다. Used when expressing an action, and its result. 예) 요즘 밤에 많이 먹**었더니** 살이 많이 쪘다. • 대조의 의미로 사용하지 않는다. Not used when expressing a contrast. 예) 어제는 기운이 없**었더니** 오늘은 기운이 넘치는구나. (X) • 선행절의 주어는 주로 1인칭이다. Used mainly with 1st person subjects in the first clause. 예) (내가) 도서관에 **갔더니** 문이 닫혀 있었다. • 선행절과 후행절의 주어가 다르다. Each clause has a different subject. 예) 내가 선물을 주**었더니** 친구가 고맙다고 했다.	• 과거 행동의 관찰 후 상황을 연결하여 말할 때 쓴다. Used when expressing looking back on an action, and then a related situation that occurred after that action. 예) 누나가 열심히 태권도를 배우**더니** 태권도 선수가 되었다. • 대조의 의미로 사용한다. Used when expressing a contrast. 예) 어제는 기운이 없**더니** 오늘은 기운이 넘치는구나. • 선행절의 주어는 주로 2인칭이나 3인칭이다. Used mainly with 2nd and 3rd person subjects in the first clause. 예) (내가, 아이가) 어제는 밥을 잘 먹**더니** 오늘은 밥을 잘 안 먹네. • 선행절과 후행절의 주어가 같다. Both clauses have the same subject. 예) 동생이 열심히 공부하**더니** (동생이, 내가) 시험을 잘 봤다.

2. 얼마나 A-(으)ㄴ지 모르다/V-는지 모르다

p.75

어떤 상태나 행위를 강조하여 말할 때 쓴다. Used when emphasizing a state or action.

형용사, 동사와 결합한다. Combines with adjectives and verbs.

	받침 X	받침 O
형용사	크다 → **얼마나 큰지**	작다 → **얼마나** 작**은지**
동사	자다 → **얼마나** 많이 자**는지**	먹다 → **얼마나** 많이 먹**는지**

예) 이 드라마가 **얼마나** 슬**픈지 몰라요**.
유학 생활을 오래 하면 **얼마나** 외로**운지 몰라요**.
우리 부모님은 건강에 **얼마나** 신경을 많이 쓰시**는지 모릅니다**.
내 동생은 5살이지만 **얼마나** 많이 먹**는지 모릅니다**.

+ 동사와 결합할 경우, 보통 부사가 함께 쓰인다. When combining with verbs, often used with adverbs.

예) 내 동생은 밥을 **얼마나** 많이 먹**는지 모른다**.

+ 말할 때는 '-(으)ㄴ데요'의 형태로 자주 쓴다. Often used with '-(으)ㄴ데요' in spoken language.

예) 제주도가 **얼마나** 경치가 좋**은데요**.

3. A-(으)ㄴ 모양이다, V-는 모양이다, N인 모양이다

p.78

어떠한 근거를 바탕으로 일어나고 있는 상황을 추측할 때 쓴다.
Used when conjecturing about a situation, based on an observation.

형용사, 동사, 명사와 결합한다. Combines with adjectives, verbs, and nouns.

	받침 X	받침 O
형용사	크다 → **큰 모양이다**	덥다 → 더**운 모양이다**
동사	가다 → 가**는 모양이다**	듣다 → 듣**는 모양이다**
명사	휴가 → 휴가**인 모양이다**	학생 → 학생**인 모양이다**

예) 아이가 우는 걸 보니 배가 많이 고픈 **모양이에요.**
민수 씨가 집에 오자마자 자는 걸 보니 많이 피곤**한 모양이에요.**
백화점에 사람이 많네요. 오늘부터 세일을 하**는 모양이에요.**
동생이 조용하네요. 방에서 책을 읽**는 모양이에요.**
밖이 시끄럽네요. 쉬는 시간**인 모양이에요.**
점심시간**인 모양이에요.** 사무실이 조용하네요.

동사의 경우 현재, 과거, 미래 시제와 모두 결합할 수 있다. Combines with verbs in the 'present' 'past' and 'future' tense.

예) (우산을 쓰고 가는 사람들을 보고) 지금 비가 오**는 모양이에요.**
(비에 젖은 땅을 보고) 어젯밤에 비가 **온 모양이에요.**
(흐린 하늘을 보고) 이따가 비가 **올 모양이에요.**

'-(으)ㄴ/는 모양이다'는 주변 상황이나 분위기 등을 보고 그것을 통해 그럴 것이라고 짐작하는 경우에 쓴다. 그러므로 말하는 사람이 직접 경험한 사실을 표현할 때는 쓰지 않는다.
Use '-(으)ㄴ/는 모양이다' when making a supposition about something, based on having seen a situation. Do not use it to describe something you have directly experienced.

예) 저 식당 앞에는 항상 사람들이 줄을 서 있어요. 음식이 정말 맛있**는 모양이에요.** (○)
새로 문을 연 식당에서 밥을 먹었는데 맛있**는 모양이에요.** (X)

'-(으)ㄴ/는 모양이다'와 '-(으)ㄴ가/나 보다'(3급 4과), '-(으)ㄴ/는 것 같다'(2급 4과)와의 비교
Compare '-(으)ㄴ/는 모양이다' to '-(으)ㄴ가/나 보다'(Level 3 Unit 4) and '-(으)ㄴ/는 것 같다'(Level 2 Unit 4)

<table>
<tr><th>-(으)ㄴ/는 모양이다</th><th>-(으)ㄴ가/나 보다</th><th>-(으)ㄴ/는 것 같다</th></tr>
<tr><td colspan="3">추측하거나 짐작할 때 쓴다. Used when conjecturing or guessing.</td></tr>
<tr><td>• 좀 더 공식적인 의미가 있어서 공식적인 상황이나 글에 더 적당하다.
Used more often when writing or in formal situations.
예) 사장님께서 조금 늦으시는 모양입니다. 잠시만 더 기다려 주시기 바랍니다.</td><td>• 좀 더 비공식적인 의미가 있어서 말할 때 더 적당하다.
Used when speaking and in less formal situations.
예) 스티븐이 학교에 안 온 걸 보니 집에서 자고 있나 봐요.</td><td>• 자신의 생각이나 의견을 표현할 때에도 쓴다.
Used also to express one's own opinion.
예) 날씨가 많이 따뜻해진 것 같아요.</td></tr>
<tr><td colspan="2">• 말하는 사람이 직접 경험 없이 간접 경험만으로 짐작할 때 쓴다.
Not used for direct experiences, but only when conjecturing based on indirect experience.
(신발만 보고) "발이 큰 모양이에요." (○)
(발만 보고) "발이 큰 모양이에요." (X)

(신발만 보고) "발이 큰가 봐요." (○)
(발만 보고) "발이 큰가 봐요." (X)</td><td>• 간접 경험 또는 직접 경험한 사실에 대해서 짐작할 때 모두 쓴다.
Used when conjecturing about both direct and indirect experiences.
(신발만 보고) "발이 큰 것 같아요." (○)
(발만 보고) "발이 큰 것 같아요." (○)</td></tr>
</table>

4. A/V-아야/어야, N이어야/여야

p.79

선행절의 행위나 상태가 후행절의 상황이 되기 위한 필수적인 조건임을 나타낼 때 쓴다. Used when expressing a condition required for a state or action to occur.

형용사, 동사, 명사와 결합한다. Combines with adjectives, verbs, and nouns.

	ㅏ, ㅗ	하다	ㅓ, ㅜ, ㅣ 등
형용사	싸다 → **싸야**	조용하다 → 조용**해야**	멀다 → 멀**어야**
동사	오다 → **와야**	운동하다 → 운동**해야**	먹다 → 먹**어야**
	받침 X		받침 O
명사	휴가 → 휴가**여야**		**학생** → 학생**이어야**

예) 내일 날씨가 좋**아야** 보름달을 볼 수 있을 텐데요.
음식이 맵지 않**아야** 아이들이 먹을 수 있을 거예요.
오늘 이 보고서를 다 **써야** 내일 회의에 참석할 수 있어요.
불고기는 채소와 같이 먹**어야** 맛있고 건강에도 좋아요.
키가 120cm 이상**이어야** 이 놀이 기구를 탈 수 있어요.

명사와 결합할 경우 '(이)라야'의 형태로도 쓴다. When combining with nouns, '-(이)라야' can be used.

예) 이 학교 학생**이라야** 도서관에서 책을 빌릴 수 있어요.

'-아야/어야' 뒤에는 명령문과 청유문을 쓰지 않는다. Imperatives and propositives are not used after '-아야/어야'.

예) 커피를 마**셔야** 일을 시작할 수 있어요. (○)
커피를 마**셔야** 일을 시작하세요. (X)

의미를 강조하기 위해 조사 '만'과 결합된 '-아야만/어야만'의 형태로도 쓴다.
Combine with '-만', making '-아야만/어야만', for emphasis.

예) 운동을 해**야만** 건강을 지킬 수 있다.

13과

1. A/V-(으)ㄹ까 봐

p.98

바라지 않는 일이 생길 것을 미리 걱정할 때 사용한다. Used when worrying about potential future unwanted events.

형용사, 동사와 결합한다. Combines with adjectives and verbs.

	받침 X	받침 O
형용사	아프다 → 아**플까 봐**	춥다 → 추**울까 봐**
동사	막히다 → 막**힐까 봐**	먹다 → 먹**을까 봐**

예) 아이스크림을 많이 먹으면 배가 아**플까 봐** 조금만 먹었어요.
날씨가 추**울까 봐** 코트를 입고 왔는데 별로 안 춥네요.
길이 막**힐까 봐** 일찍 출발했는데 하나도 안 막혀서 한 시간이나 일찍 도착했어.
아이가 과자를 너무 많이 먹**을까 봐** 과자 상자를 숨겨 놓았어요.

➕ 후행절의 행동이나 걱정의 이유를 설명하는 표현이다. 보통 아직 일어나지 않은 일을 추측해서 걱정할 때 쓴다.
Used when expressing the reason for an action or a concern. Mostly used when conjecturing and worrying about situations that have not yet occurred.

예) 날씨가 추워서 옷을 많이 입었어요.
 – 날씨가 추**울까 봐** 옷을 많이 입었어요.

 내일 여행 가는데 비가 많이 와서 걱정이에요.
 – 내일 여행 가는데 비가 많이 **올까 봐** 걱정이에요.

• 후행절에 미래 시제가 오지 않는다. Do not use with the 'future-tense' in the second clause.

예) 졸업 못**할까 봐** 열심히 공부했어요. (O)
 졸업 못**할까 봐** 열심히 공부할 거예요. (X)

2. V-고 있다

p.99

상태의 계속, 유지를 의미하며 주로 옷차림이나 용모를 묘사할 때 사용한다.
Used when describing the continuation of verb states, such as what someone is 'wearing'.

착용 동사와 결합한다. Combined with 'wearing' verbs.

V-고 있다	복장
입다 → 입**고 있다**	옷, 수영복, 잠옷, 교복, 앞치마 등
신다 → 신**고 있다**	양말, 신발, 구두, 운동화 등
쓰다 → 쓰**고 있다**	모자, 안경, 우산 등
차다 → 차**고 있다**	시계, 팔찌 등
끼다 → 끼**고 있다**	장갑, 반지, 안경, 선글라스, 렌즈 등
매다 → 매**고 있다**	넥타이, 구두끈, 스카프 등
메다 → 메**고 있다**	가방, 배낭, 핸드백 등
들다 → 들**고 있다**	가방, 우산, 지팡이 등
하다 → 하**고 있다**	머리띠, 허리띠, 귀걸이, 목걸이, 브로치 등

예) 양복을 입고 우산을 들**고 있는** 사람이 우리 형이에요.
 실내 수영장에서 사람들이 수영복을 입고 수영 모자를 쓰**고 있어요**.
 여행 갈 때 편한 옷과 큰 배낭을 메**고 가요**.

➕ 입다, 신다 등의 착용 동사가 '가다, 오다, 다니다, 들어가다, 자다, 일하다' 등의 동사와 함께 쓰일 때에는 연결 어미 '-고'를 써서 '입고 가다', '신고 다니다'가 된다. When 'wearing' verbs such as '입다, 신다' combine with action verbs such as '가다, 오다, 다니다, 들어가다, 자다, 일하다', use the connective '-고' but drop '-있다', to make '입고 가다', '신고 다니다', etc.

예) 학교에 교복을 입**고 다녀요**.
 실내 수영장에는 수영복을 입**고 들어가야** 합니다.
 잘 때 잠옷을 입**고 자지** 않으면 불편해요.

➕ 두 개 이상의 복장에 대해 함께 묘사할 때는 'N에 N을/를 V-고 있다'로 표현할 수 있다. Use 'N에 N을/를 V-고 있다', when describing two clothing items at once.

예) 분홍색 한복**에** 흰 고무신**을** 신**고 있는** 분이 제 어머니세요.
 내일은 모두 함께 축구장에 응원을 가니까 빨간색 티셔츠**에** 청바지**를** 입**고** 오세요.

3. A/V-았어야/었어야 했는데

p.102

과거의 어떤 일이 일어났으면 좋았거나 일어나지 않았으면 좋았다고 가정해 보며 아쉬움을 나타낼 때 쓴다.
Used when conjecturing in regret about past events and what may or may not have been if those events had or had not occurred.

형용사, 동사와 결합한다. Combines with adjectives and verbs.

	ㅏ, ㅗ	하다	ㅓ, ㅜ, ㅣ 등
형용사	좋다 → 좋**았어야 했는데**	따뜻하다 → 따뜻**했어야 했는데**	크다 → **컸어야 했는데**
동사	가다 → **갔어야 했는데**	하다 → **했어야 했는데**	먹다 → 먹**었어야 했는데**

예) 우리가 여행 갔을 때 날씨가 좋**았어야 했는데** 비가 와서 구경을 잘 못 했다.
여행에서 잠자리가 편**했어야 했는데** 그렇지 못해서 고생을 많이 했다.
아침에 일찍 일어**났어야 했는데** 늦게 일어나서 지각했다.
저녁을 많이 먹었더니 배가 아프다. 적당히 먹**었어야 했는데**…….

명사와도 결합할 수는 있으나 쓰임이 매우 제한적이다. Combines with nouns only in very restricted contexts.

예) 네 첫사랑이 나**였어야 했는데**…….

4. V-도록

p.103

뒤에 오는 행동의 목적이나 이유를 나타낼 때 쓴다. Used when expressing a purpose or reason for the following action.

주로 동사와 결합한다. Mainly combines with verbs.

	받침 X	받침 O
동사	지나가다 → 지나가**도록**	읽다 → 읽**도록**

예) 구급차가 지나가**도록** 옆으로 비켜 주세요.
누구나 볼 수 있**도록** 글씨를 크게 써 주세요.
아이들이 집중해서 책을 읽**도록** 텔레비전을 꺼 주세요.
고장이 나지 않**도록** 물건을 조심해서 사용해야 합니다.
의자가 흔들리지 않**도록** 꽉 잡아 주세요.

'-도록'을 '-게'로 바꿔 써도 큰 의미 차이가 없다. '-게' can be substituted for '-도록' without much difference in meaning.

예) 구급차가 지나가**도록** 옆으로 비켜 주세요.
→ 구급차가 지나가**게** 옆으로 비켜 주세요.
누구나 볼 수 있**도록** 글씨를 크게 써 주세요.
→ 누구나 볼 수 있**게** 글씨를 크게 써 주세요.

시간을 나타내는 말과 함께 쓰이면 '그 시간이 될 때까지'라는 의미를 갖는다.
When used with time expressions, '-도록' is close in meaning to '-까지'.

예) 친구를 만나서 12시가 되**도록** 즐겁게 이야기했어요.
동생이 여행을 떠난 지 한 달이 넘**도록** 소식이 없어서 걱정이 돼요.

'–도록'과 '–도록 하다'(3급 7과)와의 비교 Compare '–도록' to '–도록 하다'(Level 3 Unit 7)

–도록	–도록 하다
• 선행절에는 목적이나 이유가 오고 후행절에는 그에 따른 행동이 온다. Used when expressing a reason or purpose followed by an action that cause or makes possible that reason or purpose. 예) 잘 들리**도록** 크게 말씀해 주세요. 재료가 모자라지 않**도록** 충분히 준비했어요. • 주로 동사 뒤에 붙지만 일부 형용사와 결합할 때도 있다. It usually attaches after a verb but it sometimes combines with adjectives. 예) 재료가 부족하지 않**도록** 충분히 준비하세요.	• 다른 사람에게 어떤 행위를 하게 시키거나 허락할 때 또는 내가 어떤 행위를 하겠다고 의지를 표현할 때 사용한다. Used when expressing permitting or causing someone to take an action; or when expressing that one intends to take an action themselves. 예) 이 약을 하루에 세 번 먹**도록** 하세요. 앞으로 조심하**도록** 하겠습니다. • 형용사와는 결합하지 않는다. Does not combine with adjectives. 예) 설명이 쉽도록 하세요. (X)

14과

1. 하도 A/V–아서/어서

p.122

어떠한 결과에 대한 이유를 강조해서 표현하고자 할 때 쓴다.
Used when trying to emphasize the extent of situation that lead to a result.

형용사, 동사와 결합한다. Combines with adjectives and verbs.

	받침 X	받침 O
형용사	비싸다 → **하도** 비**싸서**	춥다 → **하도** 추**워서**
동사	생각을 하다 → **하도** 생각을 **해서**	읽다 → **하도** 읽**어서**

예) **하도** 피곤**해서** 10시간 넘게 잤어요.
머리가 **하도** 아**파서** 일찍 퇴근했어요.
하도 길이 막**혀서** 요즘 대중교통을 이용하고 있어요.
어제 저녁에 **하도** 많이 먹**어서** 아직까지 배가 불러요.

'하도'는 항상 '–아서/어서'와 함께 쓴다. Always use '하도' with '–아서/어서'.

• 동사와 결합할 때에는 '많이, 오래, 열심히' 등의 부사어와 함께 쓰는 것이 자연스럽다. When combined with verbs, often used with adverbs such as '많이, 오래, 열심히'.

예) **하도 오래** 걸**어서** 다리가 아파요.

2. A/V–았던/었던

p.123

이미 완료된 과거 상황을 회상할 때 쓴다. Used when thinking back on past situations that have already been completed.

형용사, 동사와 결합한다. Combines with adjectives and verbs.

	받침 X	받침 O
형용사	예쁘다 → 예**뻤던**	맑다 → 맑**았던**
동사	가다 → **갔던**	입다 → 입**었던**

예) 아침까지 맑**았던** 하늘이 흐려졌어요.
여기는 제가 어렸을 때 가족들과 놀러 **왔던** 곳이에요.
지난번 여행 갔을 때 먹**었던** 음식을 다시 먹고 싶어요.

이 옷은 제가 언니 결혼식에서 입**었던** 옷이에요.

➕ 과거의 사실이 현재와 단절된 것, 이미 끝나거나 지나 버린 것임을 나타낼 때 쓴다. Used when talking about past situations or facts that in the present are finished or have changed.

예) 말하기 대회에서 받**았던** 상을 잃어버려서 속상해요.

➕ '-(으)ㄴ'은 단순한 과거 사실을 나타낼 때 쓰는 데 반해 '-았던/었던'은 과거의 일이 일어난 때를 회상하는 느낌이 있다. Use '-(으)ㄴ' when expressing simple past facts, and use '-았던/었던' when expressing thinking back on a past situation or fact.

예) 이 옷은 내가 지난주에 입**은** 옷이에요.
이 옷은 언니하고 여행 갔을 때 입**었던** 옷이에요. 그때 태국에 갔는데 정말 재미있었어요.

➕ '-았던/었던'과 '-던(3급 10과)'의 비교 Compare '-았던/었던' to '-던'(Level 3 Unit 10)

-았던/었던	-던
• 과거 한두 번 경험한 일을 회상할 때 쓴다. Used when thinking back on an event that was experienced only once or twice. 예) 명동은 내가 한국에 와서 처음 **갔던** 곳이다. (O) 명동은 내가 한국에 와서 처음 가**던** 곳이다. (X)	• 과거에 지속적으로 했다는 것을 나타낼 때 쓰며 '자주, 항상' 등의 시간을 나타내는 부사와 주로 어울려 쓰인다. Used when expressing a past action or situation that continued for period of time. Often used with time adverbs like '자주 and 항상'. 예) 명동은 내가 한국에 살 때 **자주** 가**던** 곳이다.

➕ 형용사에 '-았던/었던'이 결합하면 과거의 의미를 나타낸다. Use '-았던/었던' with adjectives when expressing past states.

예) 어렸을 때는 키가 작**았던** 아이가 지금은 동창 중에 제일 크다.

3. A-아/어하다

p.126

다른 사람의 심리 상태나 느낌에 대해 말할 때 사용한다. Used when expressing a 3rd person's state of mind or feelings.

형용사와 결합한다. Combines with adjectives.

	ㅏ, ㅗ	하다	ㅓ, ㅜ, ㅣ 등
형용사	좋다 → 좋**아하다**	피곤하다 → 피곤**해하다**	힘들다 → 힘들**어하다**

예) 내 동생은 혼자 있는 것보다 친구들과 어울리는 것을 더 좋**아한다**.
등산을 갔는데 친구가 너무 피곤**해해서** 중간에 그냥 돌아왔어요.
요즘 지연 씨가 아이들 때문에 너무 힘들**어해서** 가끔 도와주고 있어요.

➕ 심리 상태나 느낌을 표현하는 형용사와 결합한다. Combines with adjectives expressing a person's state of mind or feelings.

예) 나는 딸기가 좋아요. → 나는 딸기를 좋**아해요**. (○)
그 가게는 딸기가 비싸요. → 그 가게는 딸기를 비**싸해요**. (X)

➕ 다른 사람의 느낌이나 심리 상태를 표현할 때 주로 사용한다. Used when expressing a 3rd person's state of mind or feelings.

예) 마리코 씨는 개를 무서**워해요**.(○)
마리코 씨는 개가 무서**워요**. (X)
어머니가 나를 보고 싶**어 하세요**. (○)
어머니가 나를 보고 싶**어요**. (X)

➕ 주관적인 느낌을 객관화하여 표현할 경우 주어가 1인칭일 때도 쓸 수 있다. Use in the 1st person, when expressing subjective feelings objectively. (Dogs are scary to me. vs I'm afraid of dogs.)

예) 나는 개가 무**서워요**. (◯)
나는 개를 무서**워해요**. (◯)

4. A/V-(으)면 A/V-(으)ㄹ수록

p.127

행동이 반복되거나 정도가 심해짐을 표현할 때 쓴다.
Used when an action or state is repeated, or when the degree of an action or state becomes more severe.

형용사, 동사와 결합한다. Combines with adjectives and verbs.

	받침 X	받침 O
형용사	친하다 → 친하**면** 친**할수록**	많다 → 많**으면** 많**을수록**
동사	생각하다 → 생각하**면 할수록**	읽다 → 읽**으면** 읽**을수록**

예) 친하**면** 친**할수록** 예의를 지켜야 해요.
돈이 많**으면** 많**을수록** 걱정도 많아져요.
네가 나한테 어떻게 이럴 수가 있어? 생각하**면** 생각**할수록** 더 화가 나.
이 책은 읽**으면** 읽**을수록** 더 어려워지는 것 같아요.

선행절의 상황이나 정도가 더 심해지면 후행절의 결과나 상황도 비례해서 더하거나 덜하게 됨을 나타낸다. 따라서 후행절에는 '-아지다/어지다', '-게 되다'처럼 상태의 변화를 나타내는 표현이 많이 온다.
Used when expressing that the more a situation happens the more the severe the degree of the result. Often used with '-아지다/어지다' or '-게 되다', which express a change in state.

예) 민수 씨는 만나**면** 만**날수록** 더 좋아지는 사람이에요.
여행을 하**면 할수록** 세상에 대해 더 많이 알게 될 거예요.

'-(으)ㄹ수록'의 형태로도 쓴다. '-(으)ㄹ수록' is an abbreviation of 'A/V-(으)면 A/V-(으)ㄹ수록'.

예) **갈수록** 태산이다.
지하철역이 가까**울수록** 집값이 더 비싸요.

'N일수록'의 형태로 명사와 결합하면 그 명사를 강조하는 의미를 나타낸다. Use to emphasize a noun, as 'N일수록'.

예) 부자**일수록** 돈을 더 아끼는 것 같아요.
급한 일**일수록** 천천히 하는 게 좋아요.

15과

1. V-게 하다

p.146

사동의 의미를 나타내며 주어가 목적어에 간접적으로 어떤 행동을 하게 할 때 사용한다.
Used when expressing that a subject indirectly causes an action to be done to an object.

동사와 결합한다. Combines with verbs.

	받침 X	받침 O
동사	가다 → 가**게 하다**	먹다 → 먹**게 하다**

예) 어머니가 동생에게 방을 청소하**게 했어요**.
형이 동생에게 컴퓨터를 못 쓰**게 했다**.

황사가 심하니까 아이들을 밖에 못 나가**게 하세요**.
선생님이 수업 시간에 학생들을 떠들지 못하**게 했어요**.

사동 표현에서 '-이/히/리/기/우-'는 주어가 직접 그 행동을 하는데 반해 '-게 하다'는 간접 행동을 나타낸다.
Use the causative '-게 하다' when expressing that a subject does an action indirectly, and '-이/히/리/기/우-' when expressing that a subject does an action directly. (The mother feeds milk to the baby. vs. The mother lets the baby have some milk.)

예) 어머니가 아이에게 우유를 먹**인다**.
어머니가 아이에게 우유를 먹**게 한다**.

2. A/V-(으)ㄹ걸(요)

p.147

어떤 사실을 추측하면서 가볍게 반박하거나 감탄할 때 쓴다. Used when expressing light rebuttal or surprise when conjecturing about a situation.

형용사, 동사와 결합한다. Combines with adjectives and verbs.

	받침 X	받침 O
형용사	나쁘다 → 나**쁠걸(요)**	좋다 → 좋**을걸(요)**
동사	가다 → **갈걸(요)**	먹다 → 먹**을걸(요)**

예) 한국 소설책은 외국 학생이 읽기에 좀 어려**울걸요**.
지금 시험 기간이라서 도서관에 자리가 없**을걸요**.
책을 늦게 반납하면 연체료를 내야 **할걸**.
여름에 해산물을 익히지 않고 먹으면 안 **될걸**.
오피스텔은 관리비가 원룸보다 더 많이 나**올걸요**.
부모님께 허락받지 않고 여행 가면 야단맞**을걸**.
지금 시간이 5시니까 벌써 은행이 문을 닫았**을걸**.

'-을걸'의 억양은 문장 끝을 올려 읽는다. Use a slight rising intonation for '-을걸', at the end of the sentence.

예) 지하철에서 음식을 먹으면 안 **될걸요**.

3. A/V-지 않으면 안 되다

p.150

어떠한 일을 할 의무나 필요가 있거나 어떠한 상태일 필요가 있음을 나타낼 때 사용한다.
Used when expressing that something must be done, or some situation is required.

형용사, 동사와 결합한다. Combines with adjectives and verbs.

	받침 X	받침 O
형용사	크다 → 크**지 않으면 안 되다**	많다 → 많**지 않으면 안 되다**
동사	가다 → 가**지 않으면 안 되다**	먹다 → 먹**지 않으면 안 되다**

예) 놀이동산에서 아르바이트를 하려면 목소리가 크**지 않으면 안 됩니다**.
건강하게 살기 위해서 운동을 하**지 않으면 안 됩니다**.
공연 30분 전까지 공연장에 입장하**지 않으면 안 됩니다**.
요즘 휴가 기간이라서 공항에 일찍 가**지 않으면 안 됩니다**.

공식적인 상황이나 글에서는 '-지 않으면 안 되다'를 쓰고 말하기에서는 '안 -(으)면 안 되다'로 쓰는 것이 자연스럽다. Use '-지 않으면 안 되다' in formal and written contexts, but when speaking more casually use '안 -(으)면 안 되다'.

예) 오전에 중요한 회의가 있어서 오늘 회의 준비를 **안** 하**면 안 돼요**.
점심을 **안** 먹**으면 안 되니**까 근처 식당에서 좀 쉬었다가 가는 게 좋겠어요.

'안 -(으)면 안 되다'의 경우 '-하다'형의 용언과 결합하면 어색하다. Do not combine '-하다' verbs or adjectives with '안 -(으)면 안 되다'.

예) 내일 집들이를 해서 집이 **안** 깨끗하**면 안 돼요**. (X)

이중 부정으로 긍정의 뜻을 강조할 때 쓴다. Used when emphasizing affirmative states, as a double negation.

4. V-는 길에

p.151

다른 일이 목적이었는데 그 일을 하는 기회에 다른 일을 한다는 뜻으로 쓴다.
Used when doing one action allows opportunity to do another action, which was not the original goal of the first action.

동사와 결합한다. Combines with verbs.

동사
가다 → 가**는 길에**

예) 나가**는 길에** 은행에 가서 환전을 했어요.
출근하**는 길에** 이 쓰레기를 좀 버려 주세요.
퇴근하**는 길에** 아이들을 차에 태우고 왔어요.
한국으로 돌아오**는 길에** 제주도에 들러서 쉴까 해요.
집에 오**는 길에** 마트에 들러서 장을 봐야 할 것 같아요.

이동의 의미를 나타내는 '가다, 오다, 나가다, 퇴근하다' 등의 동사와 주로 쓴다. Used mainly with 'movement verbs' such as '가다, 오다, 나가다, 퇴근하다'.

예) 밖에 나가**는 길에** 물 좀 사 오세요.

16과

1. N만 하다

p.170

크기를 묘사하면서 비슷한 크기의 다른 것에 비교하여 설명할 때 쓴다.
Used to describe 'size' or 'quality' by comparing two things.

명사와 결합한다. Combines with nouns.

	받침 X	받침 O
명사	아버지 → 아버지**만 하다**	주먹 → 주먹**만 하다**

예) 아들이 키가 많이 커서 이제 아버지**만 하네요**.
그 배우를 실제로 보니까 얼굴이 작아서 주먹**만 하던데요**.
우리 회사는 쥐꼬리**만 한** 월급을 주면서 일은 많이 시켜요.
그 식당은 아주 작아서 크기가 이 방**만 한**데 항상 손님이 많아요.

➕ 실제보다 크게, 혹은 작게 과장할 때 사용하기도 한다. Also used as an exaggeration expression, when in reality one thing is not the same 'size' as the other.

예) 집채**만 한** 파도가 밀려오고 있다.
말도 안 돼. 이렇게 손바닥**만 한** 방에서 어떻게 10명이 자?

2. V-(으)ㄹ 생각도 못 하다

p.171

선행절의 이유로 인해 어떤 일이 불가능함을 나타낼 때 쓴다.
Used when expressing that an action is impossible because of the reasons stated in the first clause.

동사와 결합한다. Combines with verbs.

	받침 X	받침 O
동사	가다 → **갈 생각도 못 하다**	먹다 → 먹**을 생각도 못 하다**

예) 너무 힘들어서 등산은 **할 생각도 못 하겠어요**. 그냥 산 아래에서 놀다 가요.
이가 아파서 딱딱한 음식은 먹**을 생각도 못 해요**.
명절에는 미리 표를 사 놓지 않으면 고향에 **갈 생각도 못 해요**.

➕ 선행절에는 보통 이유의 연결 어미 '-아서/어서', '-기 때문에' 등이 온다.
Use with '-아서/어서' or '-기 때문에' to provide reason for the impossibility.

예) 너무 더**워서** 밖에 나가 운동**할 생각도 못 하겠어요**.
휴가철에는 항공 요금이 너무 비싸**기 때문에** 해외여행은 **갈 생각도 못 해요**.

➕ 선행절에 조건의 연결 어미 '-(으)면'을 쓰면 '-아야/어야 -을 수 있다'와 같은 뜻이 된다.
Use with the 'conditional connective' '-으면' to mean '-아야/어야 -을 수 있다'.

예) 표를 예매하지 않**으면** 그 영화를 **볼 생각도 못 해요**.
= 표를 예매**해야** 그 영화를 **볼 수 있어요**.
그 친구가 도와주지 않**으면** 문제를 해결**할 생각도 못 해요**.
= 그 친구가 도와주**어야** 문제를 해결**할 수 있어요**.

3. V-(으)ㄹ 만하다

p.174

어떤 것이 그렇게 할 만큼의 가치가 있음을 나타낸다. Used when expressing that something is 'worth' doing.

동사와 결합한다. Combines with verbs.

	받침 X	받침 O
동사	가다 → **갈 만하다**	먹다 → 먹**을 만하다**

예) 타지마할은 크고 웅장해서 정말 가 **볼 만해요**.
파리는 한번 가 **볼 만해요**. 아주 낭만적인 도시예요.
주말에 아이를 데리고 **갈 만한** 식당을 좀 추천해 주세요.
환자들이 먹**을 만한** 음식이 있을까요?

➕ 앞에 오는 상황에 따라 '좋지는 않지만 괜찮은 정도'의 의미로도 쓸 수 있다.
Also used when expressing that something is not good, but only just acceptable, depending on the preceding context.

예) 지하철 안의 공기가 나쁘지만 참**을 만하다**.

추천의 의미로 말할 때 쓰는 경우가 많다. Used often when recommending something.

예) 이탈리아 베네치아는 정말 아름다워요. 배를 타고 여러 섬을 구경할 수 있어서 정말 가 **볼 만해요**.

4. A/V-기로 유명하다, N(으)로 유명하다

p.175

많은 사람들이 알 정도로 이름이 널리 알려져 있음을 나타낸다. Used when expressing that something is well known by name, 'renowned', for a reason.

형용사, 동사, 명사와 결합한다. Combines with adjectives, verbs, and nouns.

	받침 X	받침 O
형용사	나쁘다 → 나쁘**기로 유명하다**	좋다 → 좋**기로 유명하다**
동사	잘하다 → 잘하**기로 유명하다**	먹다 → 먹**기로 유명하다**
명사	축구 → 축구**로 유명하다**	음식 → 음식**으로 유명하다**

예) 호주의 멜버른은 살기 좋**기로 유명해요**.
한국 사람들은 일을 빨리 하**기로 유명하다고** 들었어요.
제주도의 섭지코지는 드라마 촬영지**로 유명한** 곳이래요.
동대문시장은 새벽 시장**으로 유명해서** 새벽에 아주 붐빈다.

17과

1. V-고 보니(까)

p.194

행동을 하기 전에는 몰랐는데 하고 나서 후행절의 내용을 깨닫게 되었음을 나타낸다.
Used when expressing that one has come to know something or come to feel differently after an action.

동사와 결합한다. Combines with verbs.

	받침 X	받침 O
동사	사다 → 사**고 보니**	듣다 → 듣**고 보니**

예) 옷이 마음에 들어서 샀는데 사**고 보니** 친구 옷이랑 똑같은 옷이었다.
친구가 약속을 어겨서 화가 많이 났는데 이유를 듣**고 보니** 화가 풀렸다.
소개팅한 남자가 알**고 보니** 전 남자 친구의 사촌형이었다.

그 행동을 한 후 알게 되거나 깨닫게 된 내용을 받아들이고 인정한다는 뜻으로 많이 쓰인다.
Often used to express a sense of acceptance or resignation at a fact that one has come to realize after an action.

예) 처음에는 그 친구가 화를 내는 이유를 알 수 없었지만 말을 듣**고 보니** 이해가 되었다.
대기업에 취직하**고 보니** 큰 회사가 다 좋은 것은 아닌 것 같다. 일도 힘들고 경쟁도 너무 심하다.

'V-고 보니(까)'와 'V-아/어 보니(까)(3급 4과)'와의 비교 Compare 'V-고 보니(까)' to 'V-아/어 보니(까)'(Level 3 Unit 4)

V-고 보니(까)	V-아/어 보니(까)
• 행동하기 전에는 그런 결과를 전혀 예상하지 못 했는데 행동을 한 후에야 뒤에 나오는 내용을 새삼 알게 되었을 경우에 쓴다. Used when previous to an action one did not know something yet after the action one came to know something that one could not or did not predict. 예) 지하철을 타**고 보니** 반대 방향으로 가는 **열차였다**. 불고기를 다 만들**고 보니** 간장을 너무 많이 넣어서 **짜다**.	• 판단을 하기 위해 시도를 해 보는 경우에 쓴다. 행동하기 전에 결과에 대한 약간의 예상을 할 수 있다. Used when experimenting or trying an action to make a judgment, and one has some prediction of the result. 예) 한국에서 지하철을 **타 보니** 빠르고 편리했다. 불고기를 만들**어 보니** 생각보다 쉬웠다.

2. A-(으)ㄴ/V-는 척하다

p.195

어떤 행동을 거짓으로 그럴듯하게 꾸밈을 나타낼 때 쓴다. Used when expressing that an action, or state is fake or pretend.

형용사, 동사와 결합한다. Combines with adjectives and verbs.

	받침 X	받침 O
형용사	예쁘다 → 예**쁜 척하다**	어렵다 → 어려**운 척하다**
동사	자다 → 자**는 척하다**	먹다 → 먹**는 척하다**

예) 어렸을 때 학교에 가기 싫어서 아**픈 척했어요**.
친구가 만들어 준 요리가 맛없었지만 맛있**는 척했어요**.
오늘 회사에서 계속 인터넷을 하면서 일하**는 척했어요**.
친구가 운동을 잘한다고 하도 잘난 척을 해서 저도 잘하**는 척했어요**.

'-(으)ㄴ 척하다'를 사용해서 과거형으로도 쓴다. Use '-(으)ㄴ 척하다' when expressing 'past-tense' actions.

예) 전에 사귀던 남자 친구와 마주쳤는데 보고도 못 **본 척했어요**.
어렸을 때 약을 먹기 싫어서 먹**은 척하고** 거짓말을 했어요.

명사와 결합해서 'N인 척하다'의 형태로 쓸 수 있다. Combines with nouns as 'N인 척하다'.

예) 고등학교 때 대학생**인 척하고** 미팅을 한 적이 있어요.
그 도둑이 직원**인 척하고** 회사에 들어가서 물건을 훔쳤대요.

3. A/V-다니(요), N(이)라니(요)

p.198

어떤 사실에 대해 놀람이나 감탄 혹은 믿을 수 없음을 나타낼 때 쓴다.
Used when expressing exclamation or disbelief, about a surprising fact or situation.

형용사, 동사, 명사와 결합한다. Combines with adjectives, verbs, and nouns.

	받침 X	받침 O
형용사	비싸다 → 비싸**다니**	넓다 → 넓**다니**
동사	가다 → 가**다니**	먹다 → 먹**다니**
명사	형제 → 형제**라니**	학생 → 학생이**라니**

예) 아직 봄인데 이렇게 덥**다니요**.
열심히 공부했는데 성적이 떨어지**다니요**. 말도 안 돼요.
오늘 오기로 해 놓고 안 오**다니** 정말 실망했어요.
두 사람이 쌍둥이**라니요**. 외모도 성격도 모두 다른데요.
두 사람이 사귄다는 소문이 사실**이라니** 믿을 수 없어요.

➕ 과거형으로도 쓴다. Used also in the 'past-tense'.

예) 히엔 씨가 이렇게 예**뻤다니**. 왜 전에는 몰랐을까?
작별 인사도 제대로 못 했는데 알리 씨가 벌써 고향에 돌아**갔다니**.

➕ '-다니' 뒤에 말하는 사람의 생각이나 감정을 나타내는 문장을 쓰기도 한다.
Clauses or sentences explaining a thought or emotion often come after '-다니'.

예) 약속 시간이 지났는데 방금 집에서 나오**다니** 정말 너무한 것 같아요.
매일 지각하던 사람이 새벽 5시에 일어나**다니** 믿을 수가 없네요.

4. N(이)라고 (해서) 다 A-(으)ㄴ/V-는 아니다

p.199

일반적인 생각과 달리 예외가 있음을 나타낼 때 쓴다.
Used when expressing an exception to what someone regards as commonly thought.

형용사, 동사, 명사와 결합한다. Combines with adjectives, verbs, and nouns.

형용사	키가 크**다고 다** 건강**한 것은 아니다**.
동사	열심히 일한**다고 다** 돈을 많이 버**는 것은 아니다**.
명사	박사**라고** 모든 것을 **다** 아**는 것은 아니다**.

예) 비싸**다고 다** 품질이 좋**은 것은 아니에요**.
밤늦게까지 공부한**다고 다** 시험을 잘 보**는 것은 아니다**.
기숙사**라고 다** 좋**은 것은 아니다**. 생활비는 적게 드는데 불편한 게 많다.

➕ '-다고/-(이)라고'는 '-다고/-(이)라고 해서'의 준말이나 말하기에서는 보통 '해서'를 생략한다.
'-다고/-(이)라고' is an abbreviation of '-다고/-(이)라고 해서'. In spoken language, '해서' is often omitted.

예) 비싸**다고 (해서) 다** 품질이 좋**은 것은 아닌 것** 같아요.
기숙사**라고 (해서) 다** 편**한 것은 아니다**.

➕ '누구나, 언제나, 어디나, 무엇이나' 등과 같이 써서 뜻을 강조할 수 있다. Use with '누구나, 언제나, 어디나, 무엇이나' for emphasis.

예) 백화점**이라고 해서 무엇이나 다** 비**싼 것은 아니다**.
잘생기고 똑똑하**다고 해서 누구나 다** 좋아하**는 것은 아니다**.

18과

1. A-다니까(요), V-ㄴ다니까(요)/는다니까(요), N(이)라니까(요)

p.218

앞에서 말한 내용을 다시 확인하여 말할 때 쓴다. Used when reconfirming (with emphasis) what one has already said.

형용사, 동사, 명사와 결합한다. Combines with adjectives, verbs, and nouns.

	받침 X	받침 O
형용사	비싸다 → 비싸**다니까(요)**	많다 → 많**다니까(요)**
동사	가다 → **간다니까(요)**	먹다 → 먹**는다니까(요)**
명사	친구 → 친구**라니까(요)**	애인 → 애인**이라니까(요)**

예) 엄마, 병원에 안 갈래요. 정말 안 아프**다니까요.**
저는 술을 끊었어요. 정말 안 마**신다니까요.**
지금 보는 드라마만 보고 숙제할 거**라니까요.**
우리 둘이 사귀지 않**는다니까요.** 그냥 친구 사이**라니까요.**
제가 공부를 안 한 게 아니라 시험 문제가 너무 어려웠**다니까요.**

'-라니까(요), -자니까(요), -(으)냐니까(요)'는 명령, 권유, 질문을 다시 할 때 쓴다.
Use '-라니까(요), -자니까(요), -(으)냐니까(요)', when reemphasizing imperatives, propositives, or interrogatives.

예) 민수야, 아직도 안 일어났어? 빨리 일어나**라니까.**
여보, 동창 모임에 같이 가**자니까.** 부부 동반 모임이야.
밤늦게까지 어디에서 뭘 했**느냐니까.** 빨리 말해 봐.

주장이나 어떤 사실이 맞다는 것을 강하게 말하고자 할 때 쓴다. Used when emphasizing an assertion or fact.

예) 저 사람이 범인**이라니까요.** 제가 틀림없이 봤**다니까요.**

앞에서 말한 내용을 거듭 확인할 때 쓰므로 어조가 강해서 윗사람한테 쓰면 무례하게 느껴진다. Do not use to superiors to reemphasize what you have said, which may be rude.

예) 과장 : 김 대리, 또 지각인가? 일찍 좀 **다니라니까.**
김 대리 : 알았**다니까요.**

2. V-고 말다

p.219

어떤 일이 의도하지 않은 상태에서 일어났거나 어떤 일을 힘들게 이루어 냄을 나타낼 때 쓴다.
Used when expressing an occurrence without intention, or when expressing an achievement that took effort.

동사와 결합한다. Combines with verbs.

	받침 X	받침 O
동사	일어나다 → 일어나**고 말다**	입다 → 입**고 말다**

예) 그 남자는 결국 사랑하던 여자와 헤어지**고 말았습니다.**
옷을 얇게 입고 외출했더니 감기에 걸리**고 말았어요.**
얼마 전까지 다니던 회사가 망해서 문을 닫**고 말았어요.**

어떤 일을 이루고자 하는 강한 의지를 나타낼 때에는 '-고(야) 말겠다'를 쓴다. 이 경우 말하는 사람 자신이 주어가 된다. Use '-고(야) 말겠다' in the 1st person when expressing a strong will to accomplish a difficult feat.

예) (나는) 이번 시험에서 꼭 1등을 하**고(야) 말겠다.**
(나는) 저 산에 꼭 올라가**고(야) 말겠어.**

'–고 말다'와 '–아/어 버리다(2급 8과)'의 비교 Compare '–고 말다' to '–아/어 버리다'(Level 2 Unit 8)

–고 말다	–아/어 버리다
• 원하지 않은 일이 발생한 것에 대한 안타까운 마음을 나타낼 때 쓴다. Used when expressing disappointment that something undesirable has occurred. 예) 친한 친구가 교통사고가 나서 크게 다치**고 말았다**. (◯) 책을 다 읽**고 말았어요**. (X)	• 어떤 행위를 다 끝내서 부담을 덜게 되었을 때 사용한다. Used when expressing sense of relief or accomplishment that an action has been completed. 예) 친한 친구가 교통사고가 나서 크게 다**쳐 버렸다**. (X) 책을 다 읽**어 버렸어요**. (◯)

문화 해설 Culture Extension

10과 한국의 시 '고백' Korean Poem: Confession p.40

Q 김남조 시인에 대해서 더 알고 싶어요.
I want to know more about the poet Kim Nam-Jo.

A 김남조 시인(1927년 생)은 한국을 대표하는 '사랑의 시인'으로 불리며 생명, 사랑과 행복에 대한 시를 많이 썼습니다. 그의 시는 과장되지 않고 따뜻하게 사랑을 이야기하고 있으며 한국의 대표 여류 시인으로서 현재까지 활발한 활동을 하고 있습니다. 김남조 시인의 유명한 시로는 〈설일〉, 〈가고 오지 않는 사람〉, 〈겨울 바다〉, 〈그대 있음에〉 등이 있습니다.

The poet Kim Nam-Jo (b. 1927) is called the 'love poet' representing Korea. She wrote many poems about life, love, and happiness. Her poems do not exaggerate but tell warm stories of love. As a poet representing Korea, she is still very active today. Kim Nan-Jo's famous poems include 'snowy day', 'who left and did not return', 'winter sea', and 'as you are in my mind'.

Q '고백'은 어떤 시입니까?
What sort of poem is 'Confession'?

A '고백'은 사랑하는 연인이 주고받는 대화 형식의 시입니다. 숫자를 세며 고백을 재촉하는 사람과 고백을 해야 하는 상황에서 부끄러워하는 사람, 이 두 연인의 순수한 모습에서 사랑스럽고 귀여운 느낌을 받을 수 있습니다.

'Confession' is a lover's poem in a dialogical form. One person is counting and pressing the other for a confession of love, and the other is needing to confess but is shy. We feel their romantic innocence, endearing and cute love.

11과 한국의 직장 문화 Korean Workplace Culture p.64

Q 한국의 직장 생활은 어떤 특징이 있습니까?
What are the characteristics of Korean workplace life?

A 한국의 직장에서는 개인보다 전체의 화합을 중요하게 생각합니다. 그래서 자기가 맡은 일 외에도 직장 동료의 일을 함께 도와서 하는 일을 미덕으로 여기는 편입니다. 그리고 근무 시간이 끝나도 일이 남아 있으면 늦게까지 야근을 하는 일이 많습니다. 또한 일이 끝난 후에도 가끔 회식을 하면서 직장 생활을 원만하게 하려고 노력합니다. 이런 모임은 직장의 분위기에 도움이 되는 점도 있지만 개인의 생활이 존중되지 못하는 측면도 있습니다. 요즘은 과거에는 당연시 되던 전체를 중시하는 분위기가 조금씩 달라지고 있고 개인의 생활도 존중되어야 한다는 의견도 있습니다. 그러나 아직도 개인보다는 전체를 중시하는 태도에 큰 변화는 없는 편입니다. 그래서 외국인들이 한국에서 직장 생활을 하게 되면 이런 문화에 적응하는 것에 어려움을 느끼게 됩니다.

In the Korean workplace, cooperation of the collective is more highly regarded than the individual. So it's the type of environment where doing work with colleagues in addition to one's own work is considered a virtue. Also, there will often be work leftover day's work, and working late in the evening is common. Also, after work is finished, colleagues meet for dinner get-togethers in an effort to promote workplace harmony. While these gatherings do help the workplace atmosphere, they also do not respect personal lives of employees. Nowadays, the collective atmosphere that was justifiable in the past is changing a little and people are voicing the opinion that personal lives should be respected. However, not much has not changed when it comes to valuing the collective. So foreigners employed in Korean work places tend to feel difficulty in adapting to Korean work culture.

12과 한국의 등산 문화 Korean Hiking Culture p.88

Q 한국에서는 등산복을 입은 사람들을 자주 볼 수 있어요. 한국 사람들은 등산을 많이 하나요?

In Korea it's common to see people wearing hiking clothing. Do Koreans do a lot of hiking?

A 산림청의 조사(2008년)에 따르면 한국에는 1,735개의 산에 4,290개의 등산로가 있고 한 달에 한 번 이상 산에 가는 사람은 1,560만 명, 두 달에 한 번 이상 등산을 하는 사람은 1,886만 명이라고 합니다. 18세부터 69세까지의 인구 3,670만 명 중 반 이상이 등산을 하는 셈입니다. 한국에는 산이 많지만 사람들이 올라가기 힘든 높은 산은 별로 없고 대부분 낮은 숲이나 계곡으로 이루어져 있습니다. 그래서 누구든지, 언제든지 갈 수 있는 장소이기 때문에 많은 사람들이 쉽게 산에 오를 수 있습니다. 따라서 한국 사람들에게 등산은 힘든 활동이 아니고 야산이나 언덕을 가볍게 걷는 하이킹입니다. 또한 한국에는 옛날부터 산에 올라가서 신체를 단련하고 정신을 수련하는 전통이 있었습니다. 최근에 경제가 발전하고 사람들이 건강에 관심을 많이 가지게 되면서 이러한 전통이 이어져 더욱 등산 인구가 많아졌습니다. 이제 등산은 아름다운 자연 속에서 스트레스도 풀고 삶의 여유와 건강을 함께 찾을 수 있게 해 주는 온 국민의 운동이 되었습니다.

According to a 2008 Korean Forestry survey, there are 1,735 mountains in Korea and 4,290 hiking trails; 15,600,000 Koreans go to the mountains to hike more than once a month, and 18,860,000 people go more than once every two months. Among the 36,700,000 Koreans between the ages of 18 and 69, more than half are regarded as hikers. Korea has a lot of mountains but nearly none that are too difficult nor high for people to climb; the majority are made up of low forests or valleys. So, many people are able to easily go up the mountains because these places are accessible to anybody at any time. Accordingly, Koreans consider mountain climbing to be hiking, going up over the hill, or a light walk to the peak, rather than a difficult exercise. Also from long ago there has been a tradition in Korea for people to climb mountains to forge their bodies and discipline their minds. Now that the economy has improved, people are more concerned about their health; and through continuing this tradition, the number of hikers has increased. These days, hiking has become a national exercise where Koreans relieve stress amidst beautiful nature, and also find freedom and health in their lives.

13과 한국의 관혼상제 Coming of Age, Weddings, Funerals, and Ancestral Rites in Korea p.112

Q 한국의 '관혼상제'에 대해 더 알려 주세요.

Can you tell me about Korean Coming of Age, Weddings, Funerals, and Ancestral Rites?

A 오래전부터 한국 사람들은 태어나서 어른이 되고 결혼을 하는 등 누구나 경험하게 되는 일을 '관혼상제'라고 불렀습니다. 그리고 기쁜 일이나 슬픈 일이 있으면 함께 축하해 주고 위로해 주면서 서로 도왔습니다. 시대가 변화함에 따라 전통적인 모습이 사라지거나 간소화되고 있는 것도 사실이지만 '관혼상제'는 지금도 한국 사람들의 생활에 큰 영향을 끼치고 있습니다.

From long ago in Korea, people have been born, grown to adulthood, been married, etc., and these types of experiences that everyone has gone through was called 'gwan-hon-sang-je'. And on both happy or sad occasions, people got together to congratulate or console each other. Times have changed, and it's true that traditions are becoming simplified or disappearing, but 'coming of age, weddings, funerals, and ancestral rites', still have significant effect on Korean's lives, even today.

Q 한국 사람들이 '관혼상제'처럼 중요하게 여기는 가정의례가 또 있습니까?

To Koreans, are there other family rituals that are significant like the 'Four Ceremonial Occasions'?

A 한국에서는 아이가 태어난 지 1년이 되는 날 아이에게 돌잔치를 열어 줍니다. 옛날에는 태어나자마자 목숨을 잃는 아이들이 많았는데 건강하게 오래 살기를 바라는 마음에서 가족과 친지들이 모여 아이의 첫돌을 축하해 주었습니다. 최근에는 가족끼리 보내는 경우가 많습니다. 만 60세가 되는 해에는 환갑잔치를 엽니다. 이날 가족과 친지, 친구들이 모두 모여 큰 잔치를 열어 줍니다. 하지만 최근 평균 수명이 높아지면서 환갑이 되는 해는 간소하게 지내고 대신 칠순 잔치나 팔순 잔치를 열어 축하하는 경우가 많습니다.

In Korea, babies are given a 'doljanchi' one year after they are born. In olden days, many babies died right after being born, so family and acquaintances met to wish the child a healthy long life and congratulated the child on its first birthday. Nowadays, most often, only the family celebrate together. In the year when someone turns sixty, a 'hwangap-janchi' is held. Family, acquaintances, and friends all get together on this day to have a big party. However, these days the average life span is longer, and sixtieth birthdays are spent more simply, while 'seventieth birthday parties' and 'eightieth birthday parties' are often occasions for congratulations.

14과 한국의 절기 Korea's Solar Terms p.136

Q '절기'는 무엇입니까?

What is a 'solar term'?

A 농사에서 중요한 태양의 움직임을 기준으로 한 해를 24개로 나누어서 계절을 구분한 것입니다. 농사지을 때는 해의 움직임과 날씨가 중요했기 때문에 24절기는 농사짓는 데 큰 도움이 됩니다. 농부들은 이 절기의 변화에 맞추어서 씨를 뿌리고 추수를 합니다.

One year is sectioned into twenty-four terms according to the apparent movement of the sun on the ecliptic, which is important for farming. Because the length of daytime and the weather are important to farming, farming according to twenty-four terms helps a lot. Farmers plant and harvest according to the changes of the terms.

Q 어떤 절기가 있습니까?

What solar terms are there?

A 봄, 여름, 가을, 겨울 모두 6개씩 24절기가 있습니다. 입춘부터 청명에는 농사를 시작할 준비를 하며 소만과 망강에는 모내기 준비 및 씨뿌리기를 합니다. 이때가 가장 바쁠 철입니다. 그리고 상강에 농사를 마무리합니다. 대부분 도시화된 한국에서 절기가 이전 만큼 중요하게 생각되지 않지만 '입춘대길' 쓰기, 동지에 팥죽 먹기 등이 풍속으로 남아 있습니다.

Spring, summer, autumn, and winter are each segmented into six terms, making twenty-four solar terms. Between 'Ipchun' (the first day of spring, around the 4th of February) and 'Cheongmyeong' (clear and bright, around the 5th of April), farmers prepare for planting. In the 'Soman' (grain full, the around May 21st), they prepare to transplant rice and seed. These are the busiest seasons for farming. The in 'Sanggang'(frost descent, around October 23rd), they stop farming. In a mostly urbanized Korea these solar terms are not considered as important as before, but expressions like 'Ipchundaegil' (auspicious entrance of spring) and eating red-bean porridge on the winter solstice, remain as customs.

15과 이사 떡 Moving-in Rice Cakes p.160

Q 이사를 하면 왜 이웃집에 떡을 돌리나요?

Why do people in Korea give rice cakes to the neighbors when they move to a new house?

A 익숙하지 않은 새로운 곳에서 잘 알지 못하는 사람들과 이웃해서 살게 되는 이사는 예나 지금이나 사람들에게 생활의 큰 변화이고 중요한 행사입니다. 그렇기 때문에 한국에서는 예로부터 이사할 때는 조심할 것이 많았습니다. 우선 좋은 날짜를 골라서 이사합니다. 요즘에는 날씨나 휴일 여부가 중요하지만 옛날에는 '손 없는 날'이라고 해서 운이 좋은 날이 더 중요했습니다. 그리고 이사할 때는 소금을 가장 나중에 가지고 나오고 새집으로 가서는 소금을 가장 먼저 가지고 들어갑니다. 소금은 더러운 것을 깨끗하게 만드는 힘이 있다고 믿었기 때문입니다. 그리고 팥떡을 해서 함께 가지고 갑니다. 팥의 붉은색이 액운을 막고 복을 불러들이기를 바랐기 때문입니다. 마지막으로 팥떡을 이웃집에 나누어 주면서 인사를 합니다. 이것을 '이사 떡을 돌린다.'고 하는데 이 풍습은 이웃과 서로 돕고 사는 관계를 소중히 여기는 한국인의 따뜻한 정을 보여 줍니다. 아파트가 대표적인 주거 형태로 자리 잡은 요즘에도 이사를 하면 이웃에 이사 떡을 돌리는 풍습은 사라지지 않고 많이 남아 있습니다. 또 새로 이사한 집에 손님들이 많이 와서 웃고 떠들면 그 소리에 놀라서 나쁜 귀신들이 도망을 가서 집안이 평안해진다고 믿었기 때문에 친척이나 친구들을 초대해 집들이를 하는데 보통 집들이에 초대받은 사람들은 비누나 휴지를 선물로 가져가서 행복과 평안을 빌어 줍니다. (1급 16과 문화 해설 참고)

In the past or present, moving to a new place where one is not adjusted to and with neighbors whom one does not know, is an important change in life. Because of that, from long ago, there were many things to be cautious about when moving in Korea. First, one chooses a good date on which to move. Nowadays, a holiday or weather is important; in the past there were days called 'a day without guests', so a 'good luck day' was more important. And when moving, salt was the last thing to be removed from the old house and the first to be carried into the new one. This was because people believed that salt had the power to make dirty things clean. People also made red-bean rice cakes to take with them. This is because it was hoped that the red color of the rice cakes would keep out misfortune and bring in good luck. Last, people greeted their neighbors as they gave them rice cakes. This is called 'giving out moving rice cakes' and is a custom that shows the warm heartedness of Koreans, who hold in serious regard mutually helpful relationships with their neighbors. Even in today's apartment environments, where most Koreans live, the custom of giving out rice cakes has not disappeared and mostly remains. People invite family and friends to a 'housewarming party' because it was believed that when many people come to a new house and laugh and make a lot of noise, the noise would scare away bad spirits and the household would be tranquil. People invited to the house would bring soaps and toilet papers as presents, and wish the family happiness and tranquility. (See Level 1 Unit 16 Culture Extension)

16과 한국의 조각보 Korean Patchwork p.184

Q 조각보는 누가 만들었습니까?

Who made Korean patchwork?

A 조각보는 보자기의 한 종류로 옛날 한국 여인들의 중요한 취미 활동이었습니다. 한국의 여인들은 어릴 때부터 조각보 만들기를 하면서 바느질을 배웠습니다. 특히 조각보는 서로 다른 크기의 작은 천 조각들을 자유롭게 배치하여 만드는데 이러한 과정을 통해 아름다운 색감의 다채로운 디자인이 만들어졌습니다. 또한 천의 질감을 그대로 살려서 색다른 느낌을 주었습니다. 최근 이러한 디자인과 색깔이 많은 사람들의 사랑을 받고 있습니다. 조각보는 평범한 보자기가 아니라 만든 사람의 정성이 담긴 완벽한 예술품입니다.

As a type of wrapping cloth, patchwork was an important hobby for Korean women long ago. Korean women would learn to sew while making patchwork from the time they were young. Particularly as patchwork is made by juxtaposing different sizes of small colorful cloth, the process made multicolored designs of beautiful hues. The texture of each fabric was maintained, which also gave each patchwork a unique feeling. These days, its designs and colors are loved by many people. Patchworks are not plain wrapping cloths; they are perfect works of art, each containing its maker's devotion.

Q 조각보가 서양의 퀼트와 다른 점은 무엇입니까?

How is Korean patchwork different from Western quilting?

A 서양의 퀼트와 달리 한국의 조각보는 만들 때 주로 감침질을 사용합니다. 감침질로 조각을 이어 붙이면 세밀하고 정교한 느낌을 줄 뿐만 아니라 만드는 과정에서 많은 정성이 들어가기 때문에 조각보는 오랫동안 복을 기원하는 도구로도 사용되었습니다. 또한 곡선이 아닌 직선과 사선만으로 만들어진다는 것도 조각보만의 큰 특징입니다.

Korean patchwork is made with a hemming stitch that is different from western quilting. In addition to the fine and exquisite feeling it will gives, connecting the patches takes a lot of time and devotion, so patchwork became used as a medium to wish for happiness. Another distinguishing feature of Korean patchwork is that it is only made with straight lines and diagonals, not curved lines.

〈감침질하는 방법〉

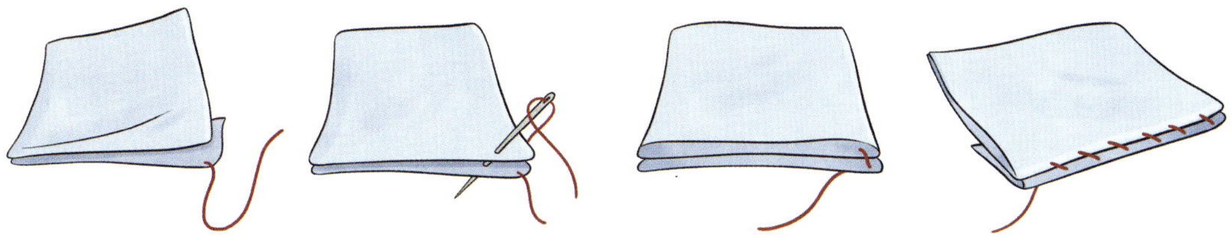

17과 소문과 관련된 속담 Proverbs related to Rumors p.208

Q 소문과 관련된 속담은 무엇이 있습니까?

Are there proverbs related to rumors?

A 말과 관련된 속담이 아주 많이 있습니다. 그중에서도 소문과 관련된 것들은 주로 소문의 속성을 강조하며 말조심을 해야 한다는 뜻으로 쓰는 것이 많습니다. '나쁜 소문은 날아가고 좋은 소문은 기어간다.'는 나쁜 소문일수록 더 빨리 퍼진다는 뜻으로 이런 속담에서도 알 수 있듯이 소문의 속성은 빨리 퍼지고 좋은 것보다는 나쁜 것을 좋아한다는 것을 알 수 있습니다. 또 '말은 할수록 늘고 되질은 할수록 준다', '음식은 갈수록 줄고 말은 할수록 는다'에서 보면 말은 할수록 보태어지고 물건은 갈수록 줄어든다는 뜻으로 소문이 원래의 말에서 더 커지는 속성을 잘 보여 줍니다. 또 '웃느라 한 말에 초상난다', '쌀은 쏟고 주워도 말은 쏟고 못 줍는다', '혀 아래 도끼 들었다'와 같은 속담은 모두 말조심을 해야 한다는 뜻을 담고 있습니다.

There are numerous proverbs about language. Among them, many stress the characteristics of rumors and convey that one must watch what they say. As we can tell from the proverb 'a bad rumor flies, and a good one crawls', the worse a rumor the faster it travels; rumors spread fast and bad ones are preferred over good ones. 'A tale never loses in the telling', 'a funeral after a laugh', 'spilled rice can be cleaned back up, but something said cannot', 'a sharpened ax under the tongue', and similar proverbs all mean that one should be careful about what one says.

듣기 지문 Listening Scripts

10과 듣기

잘 듣고 이야기해 보세요. track 02 p.22

여 어제 내가 소개해 준 친구 어땠어?
남 마음씨도 착하고 좋은 사람이던데.
여 그래? 그럼 다시 만날 생각 있어?
남 글쎄, 아직 잘 모르겠어.
여 정말 괜찮은 친구니까 몇 번 더 만나 봐. 그 친구는 네가 마음에 든대.
남 정말 고마운데 그 사람하고는 그냥 친구로 지내는 게 좋을 것 같아.
여 그러지 말고 다시 한번 생각해 봐. 적어도 세 번은 만나 봐야지.
남 그래, 알았어.

듣기 1 track 09 p.34

여 안녕하세요? 박민호 씨. '올해의 선수상'을 받으신 것을 축하드립니다.
남 감사합니다. 야구를 사랑하시고 항상 응원해 주시는 팬 여러분의 덕분입니다.
여 그런데 박민호 씨, 좋은 소식이 들리던데요. 곧 결혼하신다고요?
남 네, 내년 1월에 결혼식을 할 예정입니다.
여 박민호 선수는 여성 팬들에게 인기가 많으신데 신부는 어떤 분일까요? 요즘 운동선수들이 배우나 가수하고 많이 결혼하시잖아요. 혹시 저희들도 아는 분인가요?
남 아닙니다. 저와 결혼할 사람은 그냥 보통 여자예요. 조용하고 마음씨가 착한 사람입니다.
여 그렇군요. 언제 그렇게 비밀 연애를 하셨어요?
남 하하, 제가 운동하느라 바빠서 연애는 못 했고요. 저희는 선봐서 만났어요.
제가 허리를 다쳤을 때 치료를 해 주시던 의사 선생님의 조카입니다. 알고 보니 초등학교 후배여서 빨리 친해질 수 있었습니다.
여 아, 네. 그런데 그분의 어디가 마음에 드셔서 결혼을 결심하셨나요?
남 그 사람의 오빠도 운동선수라서 운동하는 사람의 생활을 잘 이해해 주는 점이 좋았어요. 전 외모나 조건보다 성격이 더 중요하다고 생각하는데 저와 성격이 잘 맞는 사람입니다.
여 인터뷰를 하면서 계속 웃고 계시네요. 정말 좋으신가 봐요. 다시 한번 상 받으신 것, 결혼하시는 것 축하드리고 늘 행복하시기 바랍니다.

듣기 2 track 10 p.35

다음은 여러분의 사랑 이야기를 읽어 드리는 시간입니다.
오늘은 서초동에 사시는 이준서 님의 사연을 읽어 드리겠습니다.
저는 요리를 배우기 위해서 일본으로 유학을 갔는데 요리학교에서 그녀를 만났습니다. 저보다 3살이 많은 그녀는 일본어를 잘 못하던 저를 항상 누나처럼 친절하게 도와주었습니다. 저는 그녀가 좋았지만 졸업하자마자 한국으로 돌아올 생각이었기 때문에 고백하지 않았습니다.
그런데 귀국하기 전날 밤, 저는 교통사고를 당했습니다. 눈을 떠 보니 병원이었고 침대 옆에 그녀가 울면서 서 있었습니다. 그리고 세 달 동안이나 저를 잘 간호해 주었습니다.
병원에서 퇴원하던 날 저는 그녀에게 청혼했습니다. 그런데 양쪽 부모님이 우리의 결혼을 반대하셨습니다. 그녀의 부모님은 딸이 한국으로 시집가는 것을 반대하셨고 제 부모님은 연상의 외국 여자가 며느리로 들어오는 것을 싫어하셨습니다. 하지만 변하지 않는 우리의 사랑을 보시고 마침내 결혼을 허락해 주셨습니다. 저희는 세상에서 제일 맛있는 빵집을 만들 계획입니다. 그 꿈을 이루려면 아직 멀었지만 아무리 힘들어도 포기하지 않을 겁니다. 저희를 응원해 주세요.
네, 두 분의 결혼을 축하합니다. 노래 한 곡 들려 드립니다. '우리 서로 사랑하잖아.'

11과 듣기

잘 듣고 이야기해 보세요. track 13 p.46

남 어제 면접 어땠어?
여 괜찮았어. 좀 긴장하긴 했지만 잘 본 것 같아.
남 면접관이 무슨 질문을 했어?
여 회사에 지원한 이유, 경력, 외국어 능력 등을 물어봤어.
남 넌 경력도 있고 외국어도 잘하잖아.
여 응. 그래서 자신 있게 대답할 수 있었어.
남 그 정도면 틀림없이 붙겠다.
여 나도 그렇게 되면 좋겠어.

듣기 1 track 19 p.58

남 안녕하세요?
여 어서 와요. 오늘은 첫날이니까 제가 하는 걸 보고 잘 따라하세요. 전에도 옷 가게에서 일한 적이 있으니까 어렵지 않을 거예요.

남 네, 열심히 하겠습니다.

여 우선 마네킹이 입고 있는 옷을 벗기고 이 점퍼를 입혀 주세요.

남 네, 알겠습니다.

여 옷을 다 입히고 나서 이 모자도 좀 씌워 줄래요? 신발은 이 등산화로 갈아 신겨 주세요.

남 네, 알겠습니다.

여 다 했으면 이 포스터를 잘 보이는 데에 붙여 주세요.

남 가게 문 앞쪽에 붙일까요?

여 문보다는 저기 계산대 아래 붙이는 게 좋겠네요.

남 네.

여 저는 물건 가지러 창고에 좀 다녀올 테니까 무슨 일 생기면 연락하세요.

남 네, 걱정 마세요.

듣기 2   track 20   p.59

남 요즘 회사를 옮길까 말까 고민 중이야.

여 아니, 왜? 연봉이 높아서 좋다고 했잖아.

남 연봉은 마음에 드는데 너무 바빠서 내 생활이 없어. 지난 주말에도 늦게까지 회사에서 일하느라고 다른 일은 아무것도 못 했어.

여 많이 힘들겠다. 만약 회사를 옮긴다면 어떤 곳에서 일하고 싶은데?

남 연봉은 좀 낮아도 휴가가 길었으면 좋겠어. 또 야근도 없었으면 좋겠고.

여 어떤 회사든지 힘든 점은 있을 거야. 그리고 아무리 휴가가 길어도 월급이 적으면 좋아하는 일을 할 수 없잖아.

남 그 말도 맞네. 정말 어떻게 해야 할지 모르겠어.

여 지금 다니는 회사의 좋은 점을 한번 생각해 보는 건 어때? 무엇이든지 좋으니까 얘기해 봐.

남 우선 집에서 가깝고 무엇보다 함께 일하는 동료들이 마음에 들어. 그리고 새로 온 상사도 나한테 잘해 주고 사무실 분위기도 좋고.

여 이렇게 좋은 점이 많은데 옮길 수 있겠어?

남 그래, 다시 한번 생각해 볼게. 고마워.

12과 듣기

잘 듣고 이야기해 보세요.   track 23   p.70

여 너 등 좀 펴고 다녀. 자세가 나쁘니까 키도 작아 보이잖아.

남 요즘 기운이 통 없어서 그래. 공부도 잘 안되고 밥맛도 없어.

여 병원에는 가 봤어? 어디 아픈 거 아니야?

남 병원에서는 아무 이상이 없대. 운동 부족인가 봐.

여 그런 모양이네. 가벼운 운동이라도 시작해 봐. 몸이 좋아지면 공부도 잘될 거야.

듣기 1   track 30   p.82

남 여러분 안녕하십니까? 건강 상담 시간입니다. 먼저 시청자 한 분의 고민을 들어 보겠습니다.

여 안녕하세요? 저는 인천에 사는 이민지라고 합니다. 백화점에서 판매 일을 하고 있는데요. 계속 서서 일을 했더니 몸이 안 좋아졌어요. 아침에 일어나면 다리가 퉁퉁 붓고 무릎이 아파서 계단을 올라가기도 힘들어요.

남 규칙적으로 운동은 하고 계십니까?

여 직장이 멀어서 집에 돌아오면 밤 10시가 넘어요. 운동할 시간이 없어요.

남 그래도 가장 좋은 방법은 운동입니다. 운동할 시간이 없다면 평소에 발목을 자주 움직여 주고 자기 전에는 누워서 다리를 위로 올리고 가볍게 스트레칭하세요. 다리가 심하게 아플 때는 뜨거운 수건으로 마사지하는 것도 좋습니다.

여 감사합니다. 선생님, 굽이 높은 구두도 다리 건강에는 나쁘죠?

남 물론입니다. 하지만 굽이 너무 낮은 구두도 안 좋습니다. 3센티미터 정도가 적당합니다.

여 네, 잘 알겠습니다.

듣기 2   track 31   p.83

남 선생님이 가르쳐 주신 대로 운동했더니 요즘 몸이 많이 좋아졌어요.

여 정말 많이 좋아지셨네요. 그동안 운동을 열심히 하신 모양이네요.

남 네, 하루도 빠짐없이 달리기도 하고 근육 운동도 했더니 배도 많이 들어갔어요. 그래서 이번에는 더 열심히 해서 복근도 만들어 보려고요.

여 네, 지금까지 하던 대로 열심히 하시면 가능해요.

남 복근을 만들려면 역시 윗몸 일으키기를 많이 하는 게 좋겠죠?

여 보통 그렇게 생각하기 쉬운데 윗몸 일으키기만 하면 복근을 만들 수 없어요. 줄넘기나 옆구리 운동을 함께 해야 돼요. 그리고 중요한 건 음식이에요. 술이나 단 음식은 절대 먹으면 안 돼요.

남 그건 정말 곤란한데요. 제가 다니는 회사는 회식을 자주 해서요.

여 회식 때는 어쩔 수 없겠지만 그래도 한번 노력은 해 보세요. 몸이 좋아졌을 때 하면 효과를 더 빨리 얻을 수 있으니까요. 배에 복근이 생기면 얼마나 멋있는지 몰라요.

남 그건 그래요. 운동을 시작하고 나서 회사에서 인기도 많아졌어요. 그리고 몸도 가볍고 기분이 상쾌해져서 일도 더 잘하게 되었어요. 계속 많이 도와주세요.

13과 듣기

잘 듣고 이야기해 보세요. track 34 p.94

여 양복 입었네. 오늘 어디 가?

남 회사 동료 결혼식에 초대받았어.

여 그렇구나. 양복 입고 넥타이도 매니까 전혀 다른 사람 같아.

남 양복을 자주 입어 보지 않아서 안 어울릴까 봐 걱정돼.

여 잘 어울리니까 걱정하지 마.

듣기 1 track 41 p.106

엄마 얘, 너 그거 결혼식 부케 아니니? 회사 체육 대회 간다고 하더니 왜 부케를 들고 들어와?

딸 엄마, 제가 저녁 때 고등학교 친구 결혼식에 간다고 했잖아요.

엄마 맞다. 집에 들렀다 간다더니 그냥 갔어?

딸 네, 체육 대회가 너무 늦게 끝나서 결혼식에 늦을까 봐 곧장 갔어요. 집에 와서 옷을 갈아입고 갔어야 했는데…….

엄마 그럼 너 그렇게 입고 결혼식에 간 거야? 청바지에 티셔츠 입고?

딸 네, 게다가 부케 받기로 한 친구가 갑자기 못 오게 돼서 제가 부케까지 받았어요.

엄마 세상에. 어쩌면 좋으니? 거기 온 손님들이 다 한 마디씩 했겠다.

딸 그러게요. 하지만 저밖에 부케 받을 사람이 없다고 하잖아요. 다른 친구들은 다 결혼했고.

엄마 청바지에 티셔츠까지 입고 부케를 받았으니……. 쯧쯧.

딸 저도 얼마나 창피했는지 몰라요.

엄마 그거 봐라, 일이 재미있다고 결혼을 미루니까 그런 일도 생기잖니? 이제 부케까지 받았으니 빨리 결혼하도록 해. 부케 받고 6개월 안에 결혼 안 하면 평생 결혼 못 한다고 하더라.

딸 엄마! 결혼할 남자가 있어야 결혼을 하지요. 나도 속상해 죽겠는데 자꾸 왜 그래요?

듣기 2 track 42 p.107

앵커 다음은 파리에서 열린 '한국음식축제' 소식입니다. 이주연 리포터를 연결해 보겠습니다. 이주연 리포터.

리포터 네, 파리 한국문화원은 오늘 파리 서울공원에서 한국 음식을 알리는 음식 축제를 성공적으로 잘 마쳤습니다.

앵커 파리는 오늘 비가 왔다고 하던데 괜찮았나요?

리포터 네, 오전에 비가 약간 왔지만 큰 문제는 없었습니다. 불고기와 비빔밥이 인기가 좋아서 줄 서서 사 먹는 모습을 볼 수 있었습니다.

앵커 행사 준비 팀이 여러 가지로 신경을 써서 준비했다고 하던데요.

리포터 네, 그렇습니다. 행사 장소도 한국의 정원처럼 꾸몄고 한복을 입고 사진을 찍을 수 있는 코너도 마련해 놓았습니다.

앵커 김치 만들기 체험도 했다고 하는데 어땠습니까?

리포터 외국인들이 김치 냄새를 싫어할까 봐 걱정했는데 오히려 참가자가 너무 많아서 나중에는 재료가 부족했습니다. 재료를 충분히 준비했어야 했다는 생각이 들었습니다.

앵커 음식을 먹거나 구경만 하는 게 아니라 직접 만들어 보도록 한 것은 아주 좋은 생각이네요. 공연도 했다면서요?

리포터 네, 부엌에서 쓰는 물건을 악기처럼 사용한 공연이었는데요, 한국어를 모르는 외국인들도 함께 즐겁게 볼 수 있어서 참 좋았습니다.

앵커 네, 잘 들었습니다. 감사합니다.

14과 듣기

잘 듣고 이야기해 보세요. track 45 p.118

여 여보세요. 부장님, 정말 오랜만이에요. 퇴직하고 시골에서 사시니 좋으시죠?

남 김 대리도 잘 지냈죠? 시골로 내려와서 농사짓고 사니까 여유가 있어서 좋아요.

여 저희 부부도 나중에 시골에 가서 살고 싶은데 어떤 준비를 해야 할지 모르겠어요.

남 먼저 살 장소를 찾아보고 어떤 일들을 시골에서 할 수 있을지 알아봐야 돼요.

여 농사짓는 법도 미리 알고 가야 하나요?

남 준비는 많이 하면 할수록 좋아요. 서울시에 지원센터가 있으니까 한번 전화해 보세요.

듣기 1

track 52 p.130

여 고구마 좀 쪄 왔는데 드셔 보세요. 제가 직접 키운 거예요.

남 이걸 직접 키웠다고요?

여 네, 얼마 전에 조카들하고 심었던 고구마인데 생각보다 잘 자랐어요.

남 아파트에 산다고 들었는데 어디에서 고구마 농사를 지었어요?

여 요즘 집 근처에서 하는 주말농장 프로그램에 참가하고 있어요.

남 주말농장요? 그런 곳이 있어요?

여 네, 은퇴 후에 시골에 가서 살 준비를 하는 사람들이나 저처럼 농사를 짓고 싶어 하는 도시 사람들이 농사도 배우고 직접 키워 보기도 하는 곳이에요.

남 농사를 지어 보니까 어때요?

여 배우면 배울수록 더 어려운 것 같아요. 하지만 도시에 살면서 자연을 느낄 수 있어서 참 좋아요. 그동안 쌓였던 스트레스도 풀리는 것 같고요.

남 그래요? 그런데 저처럼 도시에서만 살던 사람도 농사를 지을 수 있을까요?

여 물론이지요. 저하고 같이 주말농장을 하는 사람들도 대부분 농사 경험이 없어요. 처음에는 좀 힘들겠지만 직접 심은 채소가 크는 걸 보면서 보람을 느낄 수 있을 거예요. 이번 주말에도 주말농장에 가니까 시간 되면 놀러 오세요.

남 그럼 그럴까요? 구경해 보고 싶은데요.

듣기 2

track 53 p.131

리포터 여러분, 안녕하세요? 저는 지금 7~80년대 서울의 모습 전시회에 나와 있습니다. 어린이날을 맞이해서 아이들과 함께 온 가족들이 많이 보이는데요. 잠시 이야기를 나누어 보겠습니다. 오늘 전시회에 와 보니까 어때요?

아이 부모님이 어렸을 때 살았던 동네를 사진으로 보니까 기분이 이상해요. 보면 볼수록 신기하고요. 또 청계천의 옛날 모습이 지금하고 하도 많이 달라서 깜짝 놀랐어요. 청계천이 차가 다니던 도로였다는 게 상상이 안돼요.

리포터 그렇군요. 부모님들이 어렸을 때 했던 놀이를 아이들에게 가르쳐 주는 곳도 있는데요. 한번 가 보겠습니다. 아버님, 열심히 팽이치기를 하고 계신데요. 오늘 전시회가 어떠셨어요?

아버지 우리가 어렸을 때 자주 하고 놀았던 놀이를 아이들하고 같이 해 볼 수 있어서 정말 좋았어요. 그동안 잊고 있었던 추억들이 생각나서 다시 어렸을 때로 돌아간 것 같아요. 하도 재미있어서 시간 가는 줄 몰랐어요.

리포터 네, 감사합니다. 이번 전시는 5월 한 달 동안 계속된다고 하니까 가족들과 특별한 추억을 만들고 싶으신 분들은 꼭 오셔서 관람하시기 바랍니다. 지금까지 리포터 김현정이었습니다.

15과 듣기

잘 듣고 이야기해 보세요.

track 56 p.142

여 샤오밍 학생, 어디 갔다 와요?

남 네, 아주머니. 운동하고 오는 길에 장 좀 봐 왔어요.

여 그래요? 방에 불도 켜 있고 텔레비전 소리도 들려서 집에 있는 줄 알았어요.

남 죄송합니다. 나가면서 불 끄는 걸 잊었네요.

여 이거 관리비 고지서예요. 보니까 전기 요금이 다른 방보다 많이 나왔네요. 좀 아껴 써야겠어요.

듣기 1

track 63 p.154

남 누구세요?

여 안녕하세요? 아래층에 사는 사람인데요.

남 네, 무슨 일이세요?

여 우리 집 화장실 천장에서 물이 새서 왔어요. 여기 화장실에 무슨 문제가 있는 것 같은데요.

남 우리 집 화장실은 아무 문제가 없는데요. 우리 집 문제가 아닐걸요.

여 혹시 하수구가 막힌 건 아닐까요?

남 그러고 보니 요즘 물이 잘 안 내려가긴 했는데…….

여 와서 보시면 아시겠지만 천장에서 물이 뚝뚝 떨어져요.

남 그 정도예요? 그러면 어떻게 하죠?

여 수리 기사를 불러서 무슨 문제가 있는지 확인해 주세요.

남 네, 그럼 바로 전화하겠습니다. 불편하게 해 드려서 죄송합니다.

여 아니에요. 그럴 수도 있죠. 그럼 부탁드립니다.

듣기 2

track 64 p.155

남 누구세요?

여 안녕하세요? 저 아래층 사는 학생인데요.

남 바바라 학생이 무슨 일이에요? 집에 무슨 문제라도 있어요?

여 저기……. 이번 달까지만 살고 이사해야 될 것 같아서요.

남 방을 빼겠다고요? 아직 계약 기간도 많이 남았는데……. 이렇게 갑자기 나가겠다고 하면 곤란하죠.

여 죄송해요. 사정이 생겨서 갑자기 귀국하게 됐어요.

남 그럼 어쩔 수 없죠. 그런데 대신 들어올 사람을 구해 놓고 나가지 않으면 안 돼요.

여 그럼 제가 어떻게 하면 될까요?

남 나도 부동산에 전화하겠지만 바바라 학생도 다른 부동산에 말해 놓으세요. 그리고 인터넷에 광고 글을 올려놓으면 빨리 사람을 구할 수 있을걸요.

여 네, 알겠습니다. 만약 제가 이사 가기 전까지 사람을 못 구하면 어떻게 되는 거죠?

남 계약 기간이 끝나기 전에 나가는 거니까 다른 사람이 들어오기 전까지 방세를 내야 돼요.

여 그래요? 그럼 빨리 서둘러야겠네요.

16과 듣기

잘 듣고 이야기해 보세요.

track 67 p.166

남 이번 주말에 뭐 해요?

여 오랜만에 가족하고 캠핑 가기로 했어요.

남 재미있겠네요. 요즘 날씨가 좋아서 캠핑하면 아주 좋을 거예요.

여 네. 그동안 일이 많아서 힘들었는데 캠핑 가서 스트레스 다 풀고 오려고요. 민수 씨는 주말에 뭐 해요?

남 저는 요즘 시간이 나면 낚시하러 가요. 조용하고 경치 좋은 곳에서 낚시를 하면 기분이 정말 좋아져요.

여 다음에 낚시하러 갈 때 따라가도 돼요? 전부터 낚시를 한번 배워 보고 싶었어요.

남 좋아요. 그럼 다음에 낚시할 수 있는 곳으로 캠핑을 떠나면 어때요?

여 그거 좋은 생각인데요.

듣기 1

track 74 p.178

아들 여보세요. 엄마, 지금 어디 계세요? 집이세요?

어머니 응, 집인데.

아들 엄마, 저 좀 도와주세요. 시간이 없어서 그래요.

어머니 왜? 뭐 두고 갔니?

아들 엄마, 어떻게 아셨어요?

어머니 아이고, 내가 왜 몰라. 네가 원래 깜빡 잘 잊어버리기로 유명하잖니?

아들 네, 보고서를 깜빡 잊고 집에 두고 왔어요. 오늘까지 내야 하는데…….

어머니 그래? 어떡하니? 내가 갖다 줄까?

아들 아니요, 외장 하드 디스크를 안 가져 왔으니까 우선 하드 디스크 좀 찾아봐 주세요. 제 방 책상 위에 있을 거예요.

어머니 하드 디스크? 컴퓨터 말이니?

아들 그게 아니고요. 엄마, 책상 위 노트북 옆에 긴 네모 모양의 물건이 하나 있을 거예요. 색깔은 까만색이고 크기는 휴대폰만 한데 휴대폰보다는 좀 두꺼워요. 짧은 전선이 달려 있고요.

어머니 까맣고 휴대폰만 한 물건이라고 했지? 그래, 여기 있구나. 디스크라고 해서 둥근 모양인 줄 알았더니 사각형이네. 이걸 어떻게 할까?

아들 엄마, 거기에 있는 파일 하나만 이메일로 보내 주세요.

어머니 파일? 얘, 내가 파일은 한 번도 안 보내 봤는데……. 어떻게 하는 거니?

아들 아! 할 수 없네요. 그냥 두세요. 제가 갈게요.

듣기 2

track 75 p.179

선생님 오늘은 연을 만들어 보겠어요. 한국에서 연을 만들어 본 적이 있어요?

학생 아뇨, 하지만 한강공원에서 아이들이 연날리기 하는 걸 본 적이 있어요. 연이 마름모 모양이고 꼬리가 길던데요? 한국의 연은 다 그렇게 생겼나요?

선생님 그렇지 않아요. 세모, 네모, 마름모 등 여러 가지 모양이 있어요. 오늘은 이 연을 만들어 봐요.

학생 이건 네모 모양이네요.

선생님 그래요. 이제 만들어 볼까요? 먼저 종이 가운데 동그랗게 구멍을 내세요. 연에 구멍을 만들어 주면 연이 잘 날거든요.

학생 구멍은 얼마나 크게 만들어야 해요?

선생님 이 음악 CD만 하게 만들면 돼요. CD를 줄 테니까 종이 위에 놓고 동그라미를 그린 후에 자르세요.

학생 이렇게 하면 되나요?

선생님 네, 좋아요. 이제 뒤쪽에 대나무를 붙이고 실을 묶으면 돼요.

학생 어서 날려 보고 싶어요.

선생님 그럼 나가서 한번 날려 봐요. 누가 연날리기를 잘하는지 볼까요?

학생 제가 이길걸요. 제가 고향에서 연날리기 잘하기로 유명했거든요.

17과 듣기

잘 듣고 이야기해 보세요. track 78 p.190

여 가수 시윤이랑 모델 미나가 사귄대.

남 아닐걸. 그거 전부터 있던 소문인데 아니라고 하던데…….

여 아냐, 사귄다고 했대. 두 사람이 같이 데이트하는 사진도 찍혔어. 이것 좀 봐.

남 뭐? 정말이야? 스캔들 날 때마다 아니라고 하더니……. 사귀는 거였어?

여 아마 사진 때문에 사귀는 거 인정한 것 같아.

남 사진까지 찍혔으면 더 이상 숨길 수 없었겠지.

여 근데 연예인들도 참 피곤할 것 같아. 자기 사생활이 없잖아.

남 그러게 말이야.

듣기 1 track 85 p.202

앵커 정말 여자는 남자보다 운전을 못하고 사고를 자주 낼까요? 지금 뉴스를 보고 계신 분들 중에도 여자는 운전이 서툴다고 생각하는 분들이 있을 텐데요. 모두 오해였던 것 같습니다. 지난해 일어난 교통사고를 보니 남성 운전자가 여성 운전자보다 다섯 배 이상 사고를 많이 냈습니다. 김지연 기자가 전해 드립니다.

기자 마트에서 힘들게 주차하고 있는 여성 운전자를 한 남성이 답답해하며 바라보고 있습니다. 기다리지 못하고 경적을 누르는 남성도 있습니다. 하지만 여성 운전자가 주차를 힘들어 한다고 해서 사고를 많이 내는 것은 아닙니다. 남자라고 해서 누구나 주차를 잘하는 것도 아닙니다. 실제로 여성 운전자는 조금 느리게 가도 안전하게 운전하는 것을 중요하게 생각한다고 합니다. 그래서 사고를 많이 내지 않습니다. 자신이 운전을 잘한다고 생각해서 속도를 높이거나 빨리 가기 위해 신호를 지키지 않는 남성 운전자들이 사고를 더 자주 낸다고 합니다. 교통사고의 원인은 남성과 여성의 차이 때문이 아니라 운전 습관 때문입니다. 안전하게 운전하는 것이 운전을 제일 잘하는 것입니다. 지금까지 김지연이었습니다.

듣기 2 track 86 p.203

남 박사님, 물을 많이 마시는 게 건강에 좋다고 하는데 그게 사실인가요? 전 물을 별로 안 마시는데 건강을 위해서 더 많이 마셔야 할까요?

여 물이 우리 몸에 좋은 것은 맞습니다. 우리 몸의 70%가 물로 되어 있고요. 그런데 물을 많이 마신다고 해서 누구나 다 건강해지는 것은 아닙니다. 우리가 평소에 먹는 음식에도 물이 들어 있기 때문에 하루에 8잔 이상 마시면 소화가 잘 안되거나 배탈이 날 수도 있습니다.

남 질문이 하나 더 있는데요. 제가 요즘 눈이 많이 나빠졌어요. 그런데 친구들이 제가 어두운 곳에서 책을 읽어서 나빠진 거래요. 정말 그런가요?

여 어두운 곳에서 책을 읽는다고 해서 언제나 눈이 나빠지는 건 아닙니다. 물론 눈 건강에 좋은 습관은 아니니까 고치시는 게 좋겠지요? 검사를 해 봐야 알겠지만 어두운 곳에서 책을 읽어서가 아니라 스마트폰이나 컴퓨터를 오랜 시간 사용해서 나빠졌을 겁니다. 병원에 가셔서 검사를 한번 받아 보시는 게 좋겠습니다.

남 그리고 저는 커피를 아주 좋아하는데 커피가 몸에 안 좋다고 들었어요. 정말이에요?

여 커피가 건강에 나쁘다니요. 설탕이나 크림이 들어가지 않은 커피를 하루에 2~3잔 정도 마시면 오히려 건강에 좋습니다. 암을 예방할 수 있고 다이어트에도 도움을 주니까 걱정하지 않으셔도 됩니다.

18과 듣기

잘 듣고 이야기해 보세요. track 88 p.214

여 이 연극 표 사기가 하늘의 별 따기라고 들었는데 어떻게 표를 샀어요?

남 선아 씨가 연극 좋아한다고 해서 예매 시작하자마자 얼른 샀죠.

여 고마워요. 무대가 가까워서 배우들의 얼굴도 잘 보이겠어요.

남 이 연극의 대본을 쓴 작가가 아주 유명한 소설가라고 하던데요.

여 네, 그래서 대사가 아주 멋있대요. 게다가 남자 주인공이 연기를 너무 잘한대요. 아! 이제 시작하나 봐요.

모범 답안 Answer Key

10과

듣고 말하기 p.34

1. 1) ① 2) ②

2. 1) ① 2) ② 3) ③

읽고 쓰기 p.36

1) ③

2) ①

11과

듣고 말하기 p.58

1. 1) ② 2) ①

3) 

2. 1) ② 2) ① 3) ③

읽고 쓰기 p.60

1) ①

2) ③

3) 독서하는 사람이 성공한다.

12과

듣고 말하기 p.82

1. 1) ① 2) ③ 3) ③

2. 1) ② 2) ③ 3) ①

읽고 쓰기 p.84

1) ③

2) ③

3) ③, ②, ①

13과

듣고 말하기 p.106

1. 1) ①, ③ 2) ③ 3) ③

2. 1) ③ 2) ③ 3) ③

읽고 쓰기 p.108

1) 동물을 사랑하는 사람들의 모임

2) ③

3) ②

14과

듣고 말하기 p.130

1. 1) ② 2) ①, ③ 3) ②

2. 1) ② 2) ①, ③ 3) ②

읽고 쓰기 p.132

1) ②

2) ①

3) ②, ③, ①, ⑤, ④

4) ③

15과

듣고 말하기 p.154

1. 1) ② 2) ①

2. 1) ② 2) ③ 3) ③

읽고 쓰기 p.156

1) ①

2) ②

16과

듣고 말하기 p.178

1. 1) ③ 2) ② 3) ①

2. 1) ② 2) ② 3) ①

읽고 쓰기

p.180

1. ① 암벽 등반 하기

   ② 자전거 타기

   ③ 레일바이크 타기

2. ②

17과

듣고 말하기

p.202

1. 1) ① 2) ③ 3) ①

2. 1) ③ 2) ③ 3) ②

읽고 쓰기

p.204

1) ②

2) ①

18과

읽고 말하기

연습 1

p.224

1) 빗을 사다 달라고 했습니다. 반달 모양입니다.
2) 거울을 사 왔습니다. 세상 모든 것을 있는 그대로 보여주는 물건입니다.
3) 농부 아내가 사다 달라고 한 것은 반달 모양의 빗이었는데 농부가 사 온 물건은 둥근 달 모양의 거울이었습니다.
4) 아내 생일에 선물로 주려고 숨겨 두었습니다.
5) 농부 아내는 거울 속에 웬 젊은 여자가, 시어머니는 웬 늙은 여자가, 시아버지는 웬 늙은 영감이 있다고 생각했습니다.
6) 깨지고 말았습니다.

어휘 색인 Glossary

ㄱ

가슴이 두근거리다	to have heart pound	25
가슴이 뛰다	to have one's heart beat	168
가야금	zither	172
가죽	leather	108
가축(을) 키우다	to raise livestock	120
강습	lesson; training	82
거북	turtle	84
거북목 증후군	turtle neck syndrome	84
거칠다	to be rough	169
경비실	security office	151
경상도	Gyeongsang Province	176
경험이 많다	to have a lot of experience	48
계약 기간	contract period	145
계약서	contract	145
계약하다	to make a contract	145
고개를 가로젓다	to shake one's head	217
고개를 끄덕이다	to nod one's head	217
고백하다	to confess	24
고지서	bill	148
곱다	to be pretty/nice	79
공과금	utility bill	145
공기가 맑다	to have clean air	120
공기놀이	a Korean variant of Jacks	130
공예품	craftwork	181
공해가 심하다	to have severe air pollution	120
과목	class; course	150
과수원	orchard	128
과장	section chief; manager	49
관객	audience	216
교정	correction	75
굴뚝	chimney	208
(옆구리를) 굽히다	to bend (at the side)	72
궁중	palace court	200
권유하다	to suggest	77
그네	swing	51
그럴 리가 없다	to have no reason for something; not possible	192
그럴 수 있다	to be possible	192
근무 시간	working hours	48
근육이 뭉치다	to have muscle cramps	80
근육이 생기다	to have muscle growth	73
기금	fund	108
기분이 상쾌하다	to feel refreshed	73
기우제	rain ritual	136
기운이 나다	to be energized	73
깜짝 놀라다	to be suddenly startled	217
깨뜨리다	to break; destroy	216
꼼꼼하다	to be detail oriented	48
(방을) 꾸미다	to decorate (a room)	96
꾸준히	regularly; consistently	76
(반지를) 끼다	to slip/put on (a ring)	97

ㄴ

나란히 앉다	to sit side-by-side	25
나무꾼	woodcutter	132
나무를 하다	to cut wood	132
나무판	wooden board	172
나이가 들다	to get older	128
나이를 먹다	to grow old	128
난방이 안되다	to have broken air conditioning	144
날씬하다	to be slim	82
낡다	to be old/worn	132
남다	to be leftover	97
납부하다	to make a payment	145
낭비하다	to be wasteful	145
낮말	day words	208
내복	undergarments; long johns	156
내장산	a mountain in Jeolla Province	176

막다	to block	160
만리장성	Great Wall of China	175
말[생각]이 잘 통하다	to understand each other	24
말조심	caution with words	208
매끄럽다	to be smooth/slippery	169
(넥타이를) 매다	to wear/fasten (a necktie)	97
매력이 있다	to be attractive	24
맨날	everyday	28
(배낭을) 메다	to put/strap on (a backpack)	97
며느리	daughter-in-law	223
면세점	tax-free store	151
멸종	extinction	108
모래시계	hourglass	172
모자라다	to be short on; not enough	97
모피	fur	108
목뼈	neck bones	84
목표	goal	156
몰라보다	to fail to recognize	121
몸이 무겁다/가볍다	to have heavy/light body	72
몸이 좋아지다	to have an improved physique	73
무대	stage	216
무슨 일이 있어도	whatever happens	152
물고기(를) 잡다	to catch fish	120
물이 새다	to have a water leak	144
물이 안 내려가다	to have water not go down	144
미만	under a limit	180
믿어지지 않다	to be unable to believe	192
밀리다	to be overdue	145

ㅂ

바닥	floor	223
바둑을 두다	to play go	132
바로	exactly; immediately	221
바로잡다	to straighten out; adjust	207
바자회	bazaar	108
반달	half-moon	220
발전시키다	to cause to develop	204
밤말	night words	208
방을 빼다	to clear out of; to vacate a room	154
밭	field; farm	124
배우자	spouse	35
백제	a dynasty in Three Kingdom era of Korea	204
번역	translation	56
벌떡 일어나다	to stand straight up	217
(다리를) 벌리다	to spread (the legs)	72
베토벤	Beethoven	175
벼	rice plant (in a field)	127
변기가 막히다	to have a clogged toilet	144
변하다	to change	121
보고서 작성을 잘하다	to be good at writing reports	48
보관	storage	184
보증금	deposit	145
보호	protection	108
복권에 당첨되다	to win a lottery	54
봄철	spring	150
부드럽다	to be soft	169
부분	part; portion	172
부서	department	104
부장	department head; general manager	49
부족하다	to be lacking	97
부족하다	to be insufficient	77
부케	bouquet	106
부하 직원	subordinate worker	49
분명히	clearly	193
불다	to blow	168
불편하다	to be uncomfortable	120
뷔페	buffet	108
블루베리	blueberry	75
비수기	off season	180
빗	comb	220

ㅇ

ㅈ

ㅊ

ㅋ

ㅌ

집필 Authors

최은규 Choi Eunkyu

서울대학교 국어국문학과 박사
Seoul National University, Ph.D. in Korean Language and Literature

서울대학교 언어교육원 한국어교육센터 대우부교수
Seoul National University, LEI Associate Professor

정영미 Chung Youngmee

한국학중앙연구원 한국학 석사
The Academy of Korean Studies, M.A. in Korean Studies

서울대학교 언어교육원 한국어교육센터 대우전임강사
Seoul National University, LEI Full-time Instructor

김정현 Kim Junghyun

경희대학교 외국어로서의 한국어 교육학 석사
Kyung Hee University, M.A. in Education, Korean Language Education as a Foreign Language

서울대학교 언어교육원 한국어교육센터 대우전임강사
Seoul National University, LEI Full-time Instructor

김현경 Kim Hyunkyung

한국외국어대학교 제2외국어로서의 한국어교육 석사
Hankuk University of Foreign Studies, M.A. in Education of Korean as a Second Language

서울대학교 언어교육원 한국어교육센터 대우전임강사
Seoul National University, LEI Full-time Instructor

번역 Translator

로버트 카루바 Robert Carrubba

서강대학교 국어국문학과 석사
Sogang University, M.A. in Korean Language and Literature

한국어 교육자 및 번역가
Korean Language Educator and Translator

번역 감수 Translation Editor

이소영 Lee Soyoung

이화여자대학교 교육공학과 박사
Ewha Womans University, Ph.D. in the Department of Educational Technology

서울대학교 언어교육원 한국어교육센터 대우전임강사
Seoul National University, LEI Full-time Instructor